枫桥学院
系·列·教·程

基层干部矛盾纠纷化解必备法律知识教程

中共诸暨市委党校 编

法律出版社
LAW PRESS·CHINA
北京

图书在版编目(CIP)数据

基层干部矛盾纠纷化解必备法律知识教程 / 中共诸暨市委党校编. -- 北京 : 法律出版社, 2023
ISBN 978-7-5197-7522-3

Ⅰ. ①基… Ⅱ. ①中… Ⅲ. ①法律-中国-教材
Ⅳ. ①D92

中国国家版本馆 CIP 数据核字(2023)第 003296 号

基层干部矛盾纠纷化解必备法律知识教程
JICENG GANBU MAODUN JIUFEN HUAJIE BIBEI FALÜ ZHISHI JIAOCHENG

中共诸暨市委党校 编

策划编辑 沈小英
责任编辑 毛镜澄
装帧设计 李 瞻

出版发行 法律出版社
编辑统筹 法治与经济出版分社
责任校对 杨锦华
责任印制 吕亚莉
经　　销 新华书店

开本 710 毫米×1000 毫米 1/16
印张 15.25 **字数** 267 千
版本 2023 年 12 月第 1 版
印次 2023 年 12 月第 1 次印刷
印刷 固安华明印业有限公司

地址:北京市丰台区莲花池西里 7 号(100073)
网址:www.lawpress.com.cn
投稿邮箱:info@lawpress.com.cn
举报盗版邮箱:jbwq@lawpress.com.cn
销售电话:010-83938349
客服电话:010-83938350
咨询电话:010-63939796

书号:ISBN 978-7-5197-7522-3　　**定价**:76.00 元
凡购买本社图书,如有印装错误,我社负责退换。电话:010-83938349

编 委 会

主　　编　王　奋

执行主编　田海斌

学术顾问　石冠彬

编写组成员（按照姓氏笔画排序）

丁利培　王状状　卢金晶　帅仁策

田胡杰　冯　前　冯国利　朱　琳

刘金朋　许白梅　杨婷婷　吴祖豪

何　花　何勇武　何倩妮　沈维君

张　犇　张田田　张倩倩　陈　莹

陈　晖　陈海娟　苗玉霖　郑功帅

郑毓翰　赵国强　赵盈泽　胡丁成

梅志峰　斯伟峰　斯妙华

前　言

2023年是毛泽东同志批示学习推广“枫桥经验”60周年暨习近平总书记指示坚持发展“枫桥经验”20周年。20世纪60年代初，浙江省诸暨县（现诸暨市）枫桥区的干部群众创造了“发动和依靠群众，坚持矛盾不上交，就地解决，实现捕人少，治安好”的“枫桥经验”。1963年11月，毛泽东同志批示“要各地仿效，经过试点，推广去做”。2003年11月，时任浙江省委书记的习近平同志在浙江纪念毛泽东同志批示“枫桥经验”40周年大会上明确提出，要牢固树立“发展是硬道理、稳定是硬任务”的政治意识，充分珍惜“枫桥经验”，大力推广“枫桥经验”，不断创新“枫桥经验”，切实维护社会稳定。

党的十八大以来，习近平总书记多次就坚持和发展新时代“枫桥经验”作出重要指示。2013年10月，在纪念毛泽东同志批示“枫桥经验”50周年大会召开前夕，习近平总书记作出重要指示强调，“各级党委和政府要充分认识“枫桥经验”的重大意义，发扬优良作风，适应时代要求，创新群众工作方法，善于运用法治思维和法治方式解决涉及群众切身利益的矛盾和问题，把“枫桥经验”坚持好、发展好，把党的群众路线坚持好、贯彻好”。2020年11月16日，习近平总书记在中央全面依法治国工作会议上指出：“要推动更多法治力量向引导和疏导端用力，完善预防性法律制度，坚持和发展新时代‘枫桥经验’，完善社会矛盾纠纷多元预防调处化解综合机制，更加重视基层基础工作，充分发挥共建共治共享在基层的作用，推进市域社会治理现代化，促进社会和谐稳定。”党的二十大报告再次强调：“在社会基层坚持和发展新时代‘枫桥经验’，完善正确处理新形势下人民内部矛盾机制，加强和改进人民信访工作，畅通和规范群众诉求表达、利益协调、权益保障通道，完善网格化管理、精细化服务、信息化支撑的基层治理平台，健全城乡社区治理体系，及时把矛盾纠纷化解在基层、化解在萌芽状态。加快推进市域社会治理现代化，提高市域社会治理能力。强化社会治安整体防控，推进扫黑除恶常态化，依法严惩群众反映强烈的各类违法犯罪活动。发展壮大群防群治力量，营造见义勇为社会氛围，建设人人有责、人人尽责、人人享有的社会治理共同体。”2023 年 9 月 20 日下午，习近平总书记在浙江省诸暨市枫桥镇枫桥经验陈列馆考察时强调，“要坚持好、发展好新时代‘枫桥经验’，坚持党的群众路线，正确处理人民内部矛盾，紧紧依靠人民群众，把问题解决在基层、化解在萌芽状态”。

基层治理是国家治理的基层基础，基层干部矛盾纠纷化解的能力在相当程度上能够代表一个国家的治理能力。培养基层干部运用法治思维和法治方式解决纠纷、化解矛盾，解决涉及群众切身利益的矛盾和问题，是贯彻党的群众路线的具体体现，事关国家长治久安，对全面推进依法治国、实现中华民族伟大复兴具有深刻意义。新时代“枫桥经验”是中国特色基层社会治理的一面旗帜、“中国之治”的一张金名片，是强化干部化解矛盾、维护基层稳定能力的活教材。

基于上述考虑，同时为了纪念毛泽东同志批示学习推广“枫桥经验”60 周年暨习近平同志指示坚持发展“枫桥经验”20 周年，中共诸暨市委党校（枫桥学院）决定在新时代“枫桥经验”系列教材的基础上，编写一套以“法律基础知识”为主题的实用教程。《基层干部矛盾纠纷化解必备法律知识教程》是首次尝试之作，我们选取了与基层社会生活紧密相关的 43 个问题，按照如下方式进行较通俗的讲解：首先，通过“案例导读”引出所讲解的法律问题，以便让基层干部可以迅速把握问题的具体内容，该部分案例以实践中的真实判决为主；其次，围绕具体法律问题进行“法律知识讲解”，以期提升基层干部的法律素养，助力基层干部以法治思维、法治方式更好地坚持和发展新时代“枫桥经验”；最后，备注“相关法律规定”，以便让基层干部更好地找法、用法。此外，对于较复杂的问题，我们还特别设置了“法律知识拓展”板块，对相关法律问题进行补充讲解，以便加强基层干部对此的体系化掌握。

本书编委会

2023 年 12 月

目录

第一部分　婚姻家庭纠纷处理

第二部分　继承纠纷处理

第三部分　劳动用工纠纷处理

第四部分　侵权纠纷处理

第五部分　日常生活中的其他纠纷处理

第一部分
婚姻家庭纠纷处理

第 1 讲　婚姻效力应当怎么认定？

一、案例导读

胡某某与李甲于 20 世纪 90 年代登记结婚，办理结婚登记时，双方均未到场，而是由当地村委妇联主任代办。原告胡某某所提供的结婚证上的信息与被告李甲身份证上的信息存在多处不符。被告身份证上的姓名为“李甲”，出生日期为“1972 年 4 月 16 日”，而结婚证上的姓名与出生日期则分别为“李乙”和“1972 年 4 月 13 日”，且结婚证上也未登记男女双方的身份证号码。2015 年 5 月 6 日，胡某某诉称，夫妻感情已破裂，故要求离婚。

法院经审理后认为，尽管胡某某所提供的结婚证上的姓名与出生日期与李甲身份证上的相关信息不完全一致，但该案中，胡某某提供的相关证据能够反映其与李甲确实在领取结婚证后以配偶身份共同生活，凭结婚证办理一孩生育证、申报子女户口等，这些证据与结婚证上的身份信息已形成证据链。由此可见，双方缔结的婚姻是其真实的意思表示，结婚登记瑕疵不足以影响双方的婚姻效力。

该案中，双方当事人离婚纠纷的解决首先涉及婚姻效力的认定问题，因为离婚以婚姻有效为前提。那么，我国现行法律对于婚姻效力的问题究竟是如何规定的？本讲以下内容将围绕这一问题予以展开。

二、法律知识讲解

（一）婚姻效力瑕疵的情形概述

婚姻效力瑕疵，是指婚姻中存在使婚姻处于无效或者可撤销状态的法定情形。也就是说，在存在法定情形时，婚姻可能本身就是无效的，或者当事人一方可以撤销婚姻的存在。婚姻家庭法具有其特殊之处,它不同于合同法、物权法等财产法,具有浓厚的社会属性。而且,婚姻关系不仅涉及夫妻之间的权利义务关系,还会由此引申出一系列问题,譬如孩子的抚养问题、财产继承问题等,需要尽可能地保护婚姻关系的稳定性。所以,婚姻效力瑕疵的情形具有封闭性,除了重婚、有禁止结婚的亲属关系、未到法定婚龄这三类婚姻无效情形和胁迫结婚、结婚登记前未如实告知患有重大疾病这两类可撤销情形外,其余情形下的婚姻关系均推定为有效。对于实践中常见的诸如基于特殊原因"假结婚"、谎称"高富帅"骗婚等情形,当事人直接向人民法院请求认定婚姻无效或主张撤销婚姻的,人民法院不予支持。

(二)婚姻无效的情形

婚姻无效,是指欠缺婚姻成立的法定条件而不发生法律效力的"婚姻"。根据《民法典》第 1051 条的规定,当出现如下三种情形之一时,婚姻才能被认定为无效:一是重婚;二是有禁止结婚的亲属关系;三是未到法定婚龄。基层干部在化解相关婚姻矛盾纠纷时,应当特别注意婚姻是否存在上述情形。

1. 重婚。重婚,是指有配偶的人又与他人登记结婚的违法行为。由于一夫一妻原则是我国社会主义婚姻家庭制度的基本原则,因此重婚属于违反法律规定的情形,男女双方有一方重婚,该段婚姻即为无效婚姻。在司法实践中,通过重婚认定婚姻无效这一规则在适用中有两个难点,需要特别注意:

第一,判断重婚时,是看婚姻登记情况是否有两个以上(形式判断标准),还是看当事人是否实际与两人以上以夫妻名义共同生活(实质判断标准)?如果采用形式判断标准,现实中就会有人钻法律的空子,不和他人登记结婚,但与多人以夫妻名义共同生活,实践中存在过这类案例,对社会的公序良俗造成了一定损害。如果采用实质判断标准,则可能形成法律规定"手伸得过长"的隐忧,对公民法外的生活空间造成一定的损害。从现行法律规定来看,目前我国对事实婚姻的承认仅限于最高人民法院《关于适用〈中华人民共和国民法典〉婚姻家庭编的解释(一)》第 7 条中规定的发生在"1994 年 2 月 1 日民政部《婚姻登记管理条例》公布实施以前"的情形。换言之,1994 年 2 月 1 日以前未依据法律规定办理结婚登记而以夫妻名义共同生活的男女,推定为存在有效婚姻。事实婚姻可以与 1994 年 2 月 1 日之后登记的婚姻构成重婚,事实婚姻之间也可构成重婚。因此,需要注意的是,在 1994 年 2 月 1 日之后,如果实践中当事人不和他人登记结婚,但与多人以夫妻名义共同生活,不属于重婚的情形,1994年2月1日之后的重婚只看是否依照法律进行了婚姻登记,即采用形式判断标准。

第二,判断重婚的时间点。正如前文所述,实践中对于重婚的判断原则上采用形式判断标准,那么如果当事人在与他人登记结婚时,是已经存在婚姻登记的状态,但是在与他人登记结婚后,当事人又解除了先前的婚姻登记,此时还能认定当事人重婚,进而认定在后的婚姻无效吗？对于该问题,现行法律并无明确规定,实务界和理论界的观点基本分为两种:一是认为该情形下婚姻无效,二是认为该情形下婚姻有效。本书认为,该类情形属于重婚,婚姻无效,即判断重婚的时间点应该是当事人在登记结婚后,又与他人登记婚姻的时刻。因为《民法典》第1054条第1款规定,“无效的或者被撤销的婚姻自始没有法律约束力”,在整个婚姻持续过程中,只要出现了重婚的情形,那么该婚姻就是自始无效的。如果因为当事人先重婚再离婚就不对重婚情形进行认定,显然违反了立法目的,留下了法律漏洞。

2. 有禁止结婚的亲属关系。近亲结婚对人类社会存在一定的危害性,既是对下一代健康的不负责,也是对社会公共利益的损害,因此,我国法律明文规定禁止近亲结婚。对此,基层干部应当了解何为“禁止结婚的亲属关系”。根据立法机关的官方解读,“禁止结婚的亲属关系”,是指《民法典》第1048条规定的“直系血亲或者三代以内的旁系血亲”。特别值得注意的是,“禁止结婚的亲属关系”也包括拟制血亲。

3. 未到法定婚龄。《民法典》第1047条规定:“结婚年龄,男不得早于二十二周岁,女不得早于二十周岁。”婚姻是人类社会得以稳定运行的基础制度,因此,男女双方在结婚时应当具备合适的生理条件和心理条件。只有这样,夫妻双方才能够正常经营两者组成的小家庭,以保证整个社会的有序运行。值得注意的是,法定婚龄并不是全国统一的,我国部分民族自治地方存在一些法定婚龄上的特殊规定,但要注意此类变通规定仅限于生活于当地的少数民族。

(三)婚姻可撤销的情形

可撤销婚姻,是指当事人因意思表示不真实而成立的婚姻,或者当事人成立的婚姻在结婚要件上有欠缺,通过有撤销权的当事人行使撤销权,使已经发生法律效力的婚姻关系失去法律效力。根据《民法典》的规定,婚姻可撤销的情形分为两种:一是胁迫结婚,二是结婚登记前未如实告知患有重大疾病。基层干部在化解相关矛盾纠纷时,应当注意如下问题。

其一,对于胁迫结婚,需要注意:第一,提出撤销婚姻的请求权人,只能是因胁迫结婚的被胁迫人,而不能是胁迫对方结婚的人。第二,提出撤销婚姻效力申请的时间。根据《民法典》第1052条第2款的规定,请求撤销婚姻的,应当自胁迫行为终止之日起1年内提出。这1年期间的起算时间,并非两者登记结婚之日,也非胁迫行为发生之日,而是胁迫行为终止之日。例如,根据《民法典》第1052条第3款的规定,被胁迫的一方被非法限制人身自由的,则胁迫行为终止之日为恢复人身自由之日。第三,有权撤销婚姻关系的机关为人民法院。该规定与原《婚姻法》存在差异,即排除了婚姻登记机关撤销婚姻的权力,主要原因是胁迫的判断较复杂,应当由更专业的人民法院作出。

其二,对于结婚登记前未如实告知患有重大疾病的可撤销婚姻的情形,《民法典》第1053条作出了规定,对此,需要注意:一是此处"重大疾病"的范围并无法律的明确规定,对于何为重大疾病,需要司法机关结合实际情况具体认定。二是该类情形下请求撤销婚姻的,应当自知道或者应当知道一方在结婚登记前未如实告知患有重大疾病之日起1年内提出。

(四)以伪造、变造、冒用证件等方式骗取结婚登记

"以伪造、变造、冒用证件等方式骗取结婚登记,婚姻效力为何"是一个纠结的问题,由《民法典》立法过程便可见一斑:从2018年8月的《民法典各分编草案》,到2019年10月的《民法典婚姻家庭编(草案三次审议稿)》,都将"以伪造、变造、冒用证件等方式骗取结婚登记"作为一种婚姻无效的情形。但是在2019年12月的《民法典(草案)》中,该规定被删除。可见,立法者最终并没有选择将该情形作为婚姻无效的一类事由,当事人自然不得以此为由请求人民法院确认婚姻无效。

值得注意的是,虽然"以伪造、变造、冒用证件等方式骗取结婚登记"的行为可以被解释为"欺诈婚姻",但是不能仅仅以一方当事人存在欺诈行为为由主张撤销婚姻。在生活中,欺诈婚姻的情形多种多样,比如,谎报薪资、身高、家庭背景、教育背景等,如果一律都认定为可撤销婚姻,那么将会对婚姻的稳定性产生巨大冲击。基于婚姻效力瑕疵情形的封闭性,我国目前仅承认一种欺诈婚姻是可以撤销的,即《民法典》第1053条规定的结婚登记前未如实告知患有重大疾病的情形,如一方患有严重传染病(艾滋病、梅毒等)、严重遗传性疾病(遗传性心脏病等)等未如实告知。其余的情形即使存在欺诈情节,婚姻依然有效,不可撤销。对于以伪造、变造、冒用证件等

方式骗取结婚登记的行为，当事人应当如何获得救济？虽然当事人不能通过提起民事诉讼的方式确认婚姻无效或者撤销婚姻，但是可以请求婚姻登记机关撤销婚姻登记，如果婚姻登记机关拒绝撤销，则可以向人民法院提起行政诉讼。

（五）“假结婚”的法律效果

所谓“假结婚”，是指双方当事人符合法律规定的结婚的形式要件，并亲自去婚姻机关办理结婚登记，但双方当事人在主观上并没有建立真正夫妻关系的意愿，而是以追求某种特殊利益为目的，比如规避限购政策或者解决子女上学问题等。

“假结婚”会发生真结婚的效果。虽然“假结婚”也属于一种以虚假意思表示实施的行为，但是由于婚姻效力瑕疵的情形具有封闭性，因此不能直接适用《民法典》总则编的规定，将其认定为无效婚姻。换言之，只要“假结婚”中不存在重婚、禁婚亲、未达法定婚龄这 3 类无效情形和胁迫结婚、结婚登记前未如实告知患有重大疾病这两类可撤销情形，则为有效婚姻。

“假结婚”存在巨大的法律风险，主要体现在人身和财产两个方面。在人身方面，双方当事人互负同居义务、忠实义务、生育义务等，若发生性侵犯、家暴等情形，则往往可借助婚姻外衣作为掩护，当事人的权益难以得到保障；在财产方面，涉及夫妻财产所有权、夫妻扶养权、夫妻继承权等问题，若在“假结婚”期间一方当事人意外身亡，则需要面临“假结婚”期间的债务如何承担、遗产如何分配等问题。除此之外，由于离婚往往需要双方合意，因此可能存在一方要求另一方支付“天价离婚费”才愿意离婚的情况，使当事人面临“有婚不能离”的尴尬境地。

三、相关法律规定

（一）《民法典》相关规定

第 1047 条　结婚年龄，男不得早于二十二周岁，女不得早于二十周岁。

第 1048 条　直系血亲或者三代以内的旁系血亲禁止结婚。

第 1051 条　有下列情形之一的，婚姻无效：

（一）重婚；

（二）有禁止结婚的亲属关系；

（三）未到法定婚龄。

第 1052 条　因胁迫结婚的，受胁迫的一方可以向人民法院请求撤销婚姻。

请求撤销婚姻的，应当自胁迫行为终止之日起一年内提出。

被非法限制人身自由的当事人请求撤销婚姻的,应当自恢复人身自由之日起一年内提出。

第1053条　一方患有重大疾病的,应当在结婚登记前如实告知另一方;不如实告知的,另一方可以向人民法院请求撤销婚姻。

请求撤销婚姻的,应当自知道或者应当知道撤销事由之日起一年内提出。

(二)最高人民法院《关于适用〈中华人民共和国民法典〉婚姻家庭编的解释(一)》相关规定

第17条　当事人以民法典第一千零五十一条规定的三种无效婚姻以外的情形请求确认婚姻无效的,人民法院应当判决驳回当事人的诉讼请求。

当事人以结婚登记程序存在瑕疵为由提起民事诉讼,主张撤销结婚登记的,告知其可以依法申请行政复议或者提起行政诉讼。

第 2 讲　婚前一方给付的彩礼何时能主张返还？

一、案例导读

原告王某和被告徐某丽经人介绍于 2010 年农历十一月十九日订婚，订婚前被告向原告索要彩礼款 10 万元。订婚当天被告收到彩礼款 1 万元，小相钱 2000 元，装烟钱 2000 元。2011 年 3 月 16 日原告、被告办理了结婚登记手续，结婚前 10 天左右被告又收到彩礼款 9 万元。在原告、被告结婚前，原告父亲购买豪爵银豹牌二轮摩托车一台（现在被告父母家保管，价值为 2000 元），其他家电、家具等由原告父母购买（现在原告家保管）。原告、被告结婚后先期夫妻感情尚可，尔后因琐事发生口角并打架。2012 年 10 月原告、被告用被告收到的彩礼款购买了五菱宏光牌微型面包车一台（现由原告保管）。2013 年 10 月双方发生口角后，被告回娘家与原告分居至今。经法院查明，原告为结婚向他人借款 11 万元至今未偿还。

辽宁省西丰县人民法院经审理认为：原告王某和被告徐某丽在共同生活期间曾因琐事而发生口角并打架，于 2013 年 10 月双方分居至今。分居后原告、被告亲属以及法院都曾做过调解工作，现双方已无和好可能，夫妻感情确已破裂，应当依法判决离婚。考虑到给付彩礼造成原告家庭生活困难，被告索要的彩礼款 10 万元应酌情予以返还。

该案中，双方的争议主要涉及彩礼应否返还的问题。那么，对于婚前一方所给付的彩礼（按照传统习俗多为男方支付给女方），在离婚时给付彩礼一方能否要求接受彩礼一方返还？本讲以下内容将围绕这一问题予以展开。

二、法律知识讲解

(一)彩礼的历史及性质

彩礼源于我国古代婚姻习俗中的“六礼”,历史悠久。作为我国婚嫁领域的传统习俗,彩礼有着深厚的社会文化基础,蕴含两个家庭对“宜其室家”的美好愿望。早在西周时期,彩礼就被称为聘财,成为缔结婚约的重要条件之一。《仪礼·士昏礼》中记载,“六礼”作为婚姻缔约程序,包括纳采、问名、纳吉、纳征、请期、亲迎。其中,纳征,是指“使使者纳币以成婚礼”,也就是找媒婆去送彩礼。“纳征者,纳聘财也。征,成也。先纳聘财而后婚成。”男方给付女方彩礼,女方接受彩礼就意味着婚约形成,婚约对双方都具有约束力。唐朝对彩礼的规定更加细致,但是“聘财无多少之限,酒食非”,即对彩礼的金额没有作明确规定。

事实上,唐朝以来的律法除延续西周的“六礼”外,对于彩礼的返还也有所涉及。比如,唐朝规定婚约受到法律的保护,男方反悔的话彩礼不予退还,女方收了彩礼原则上不能再许配他人,但如果男方同意女方悔婚,女方也返还了彩礼,那么女方是可以另行许配的。在明朝,再许他人之女,应归前夫,前夫不愿,应倍追彩礼。也就是说,女方许配他人的,男方可以双倍追回彩礼。明律还规定,已经交付彩礼而没有举行婚礼,后任何一方因病或者其他原因去世的,男方不得追回彩礼,女方也无须向男方交还彩礼。

进入现代社会,结婚不再以给付彩礼为必备条件,但受传统习俗的影响,一般婚姻中仍然有给付彩礼的环节。严格来说,现代社会的彩礼是男方及其家庭以结婚为目的向女方及其家庭赠与的财产,既表明对女方的重视,也表达对女方家庭的感谢。所以一般认为,彩礼是以结婚为目的的赠与。

(二)彩礼的认定

彩礼可以从目的和形式两个方面去认定:一方面,从彩礼的目的来看,给付彩礼一定是以结婚为目的的,如果不是则仅成立单纯的赠与。比如,男女双方恋爱期间在情人节、生日等特定节日赠送的礼物,一般而言,即使价值较大也不宜认定为彩礼,而只能认定为普通的赠与。另一方面,从彩礼的形式来看,多数彩礼是以金钱形式给付的,就比如上述案例中约定的 10 万元彩礼款。如果是以结婚为目的的大额转账,如改口费也可以认定为彩礼。当然,除金钱这一形式,彩礼也可以表现为其他形式,比如,为了结婚而为女方购置的汽车、钻戒等价值较大的财物。总的来说,只要满足财物是为了结婚而赠与的条件，一般都可以认定为彩礼。需要注意的是，彩礼的给付时间是双方决定结婚后的一段有限的期间内，不能把恋爱期间所有的赠与都认定为彩礼。当然，彩礼不是结婚的必备要件，是否给彩礼、给多少彩礼都是由男女双方决定的，彩礼的数额往往参照当地的风俗习惯。

（三）彩礼的返还

对于是否返还彩礼的问题，根据最高人民法院《关于适用〈中华人民共和国民法典〉婚姻家庭编的解释（一）》第 5 条的规定，属于以下三种情形的，给付彩礼一方可以要求对方返还彩礼：第一，双方未办理结婚登记手续；第二，双方办理结婚登记手续但确未共同生活；第三，婚前给付并导致给付人生活困难。

其中，前两种情形可以返还彩礼的法理都是一样的，即彩礼作为一种以结婚为目的的赠与，如果没有实现结婚目的，获得彩礼的一方对于彩礼的取得就是不正当的、没有理由的，在法律上即构成不当得利。所谓不当得利，是指没有法律上的依据，自己获得利益而使他人遭受损失，而没有实现结婚目的就使彩礼给付失去正当性基础。根据我国《民法典》第 122 条的规定，“因他人没有法律根据，取得不当利益，受损失的人有权请求其返还不当利益”。所以，在没有登记结婚或者没有共同生活的情况下，给付彩礼的一方可以基于不当得利来请求返还彩礼。

但是，并不是说只要没有登记结婚或者没有共同生活，给付彩礼一方就有权要求返还全部彩礼，这个问题实践中非常复杂。举例而言，在现实生活中还存在着“双方没有登记结婚，但是已经一起生活”或者“双方登记结婚，虽然没有共同生活，但是女方怀孕”等情况，这时候如果要求返还全部彩礼明显是不合理的。此外，婚约解除过程中双方是否存在过错、各自过错程度的高低以及过错对婚约解除结果的作用力大小也会影响返还彩礼的多少。所以，在司法实务中，法院并没有拘泥于最高人民法院《关于适用〈中华人民共和国民法典〉婚姻家庭编的解释（一）》的字面规定，一般都会考虑案件的具体情况认定彩礼返还数额。

“婚前给付并导致给付人生活困难”这一情形可以请求返还彩礼，是由彩礼具有赠与的法律属性所决定的。根据我国《民法典》第 666 条的规定，如果赠与人的经济状况显著恶化，严重影响其生产经营或者家庭生活，可以不再履行赠与义务。因此，如果给付彩礼一方婚前给付彩礼的行为导致其生活困难，则在双方离婚时，法院要酌情考虑彩礼的返还问题。当然，这一情形的彩礼返还一般仍以双方离婚为前提。如果没有离婚,那么给付彩礼一方要求返还彩礼的行为则难以得到支持。

当然,彩礼本质上属于赠与,所以彩礼纠纷也能适用《民法典》关于赠与合同的相关规定。一方面,在彩礼给付之前,应当认定给付彩礼一方享有任意撤销权。也就是说,在彩礼给付之前,给付彩礼的一方如果不想给付彩礼,则法律并不能强制其给付,因为彩礼本身就属于道德性的给予而非法律的强制要求。举例而言,即使男方在婚后没有如约给付彩礼,女方也不能以已经结婚为由强制男方给付彩礼,这在法律上是不能得到支持的。另一方面,给付彩礼一方应当享有赠与人的法定撤销权,如果接受彩礼一方严重侵害给付彩礼一方或者给付彩礼一方近亲属的合法权益,就应当认定给付彩礼一方有权请求返还彩礼。举例而言,如果婚后男方发生意外,女方应当扶养而拒不扶养,则双方离婚时,宜认定男方有权要求女方返还彩礼。

三、相关法律规定

(一)《民法典》相关规定

第 122 条　因他人没有法律根据,取得不当利益,受损失的人有权请求其返还不当利益。

第 658 条　赠与人在赠与财产的权利转移之前可以撤销赠与。

经过公证的赠与合同或者依法不得撤销的具有救灾、扶贫、助残等公益、道德义务性质的赠与合同,不适用前款规定。

第 660 条　经过公证的赠与合同或者依法不得撤销的具有救灾、扶贫、助残等公益、道德义务性质的赠与合同,赠与人不交付赠与财产的,受赠人可以请求交付。

依据前款规定应当交付的赠与财产因赠与人故意或者重大过失致使毁损、灭失的,赠与人应当承担赔偿责任。

第 663 条　受赠人有下列情形之一的,赠与人可以撤销赠与:

(一)严重侵害赠与人或者赠与人近亲属的合法权益;

(二)对赠与人有扶养义务而不履行;

(三)不履行赠与合同约定的义务。

赠与人的撤销权,自知道或者应当知道撤销事由之日起一年内行使。

第 666 条　赠与人的经济状况显著恶化,严重影响其生产经营或者家庭生活的,可以不再履行赠与义务。

第 1049 条　要求结婚的男女双方应当亲自到婚姻登记机关申请结婚登记。符合本法规定的，予以登记，发给结婚证。完成结婚登记，即确立婚姻关系。未办理结婚登记的，应当补办登记。

(二)最高人民法院《关于适用〈中华人民共和国民法典〉婚姻家庭编的解释(一)》相关规定

第5条　当事人请求返还按照习俗给付的彩礼的，如果查明属于以下情形，人民法院应当予以支持：

(一)双方未办理结婚登记手续；

(二)双方办理结婚登记手续但确未共同生活；

(三)婚前给付并导致给付人生活困难。

适用前款第二项、第三项的规定，应当以双方离婚为条件。

四、法律知识拓展

彩礼返还在司法实务中的法外考量因素

2023年12月11日，最高人民法院、民政部、全国妇联联合举行“推进移风易俗　治理高额彩礼”新闻发布会，发布了涉彩礼纠纷典型案例。本批典型案例聚焦审判实践中的共性问题，明确处理涉彩礼纠纷的3项原则：一是明确严禁借婚姻索取财物这一基本原则。二是充分尊重民间习俗，以当地群众普遍认可为基础合理认定彩礼范围。三是坚持以问题为导向，充分考虑彩礼的目的性特征，斟酌共同生活时间、婚姻登记、孕育子女等不同因素在缔结婚姻这一根本目的实现上的比重，合理平衡双方当事人权益。也就是说，目前最高人民法院已经认可实践中基层法院的做法，在彩礼返还的案件中不仅仅考虑“是否登记结婚”和“是否共同生活”两个要素，还会考虑未登记情况下共同生活的时长、双方当事人的过错、彩礼的金额、当地的风俗习惯等因素。而且，目前最高人民法院正在专门就彩礼纠纷制定司法解释，已经明确将上述因素纳入法院考察范围。未来，我国关于彩礼返还的问题将更加合理。本书就未登记情况下共同生活的时长及双方当事人的过错作如下简单说明：

1. 未登记情况下共同生活的时长

在司法实践中，共同生活的时长是法官判决彩礼返还比例的重要考虑条件。如在北京市何某与苏某婚约财产纠纷案中，法官根据双方共同生活时间、共同生活花费等情况，酌情判决苏某予以返还50%彩礼。综观全国的婚约财产纠纷判例，男女双方未办理结婚登记手续而共同生活1年以上2年以下，一方请求对方返还彩礼的，返还的数额一般不超过彩礼总额的30%；共同生活1年以内3个月以上的，返还的数额一般不超过彩礼总额的50%；共同生活不满3个月的，返还的数额一般不超过彩礼总额的70%；因给付彩礼一方的原因而解除同居关系的，以及共同生活期间女方怀孕或者流产的，一般可在前述返还数额的基础上再减少20%。

2. 双方当事人的过错

在婚姻家庭法律制度中，过错程度具有很大的影响力。给付彩礼本身就是为了保证婚姻关系的产生和稳定，如果其中一方的过错导致婚姻关系无法产生或者婚姻关系破裂，在彩礼返还的比例中也应该有相应的体现。比如，在“宁夏郭某甲与包某某离婚纠纷案”中，再审法院就根据双方的过错程度，判决女方返还12万元彩礼中的8.8万元。在彩礼纠纷案件的审理中，过错行为可以参考《民法典》对于过错的立场。在彩礼纠纷案件的司法实践中，比较常见的过错可以分为以下3类：第一类是欺骗行为，最常见的如隐瞒身体疾病、隐瞒债务等。在“浙江宣某与祝某甲、祝某乙等婚约财产纠纷案”中，由于宣某隐瞒性功能障碍，法院判决宣某收受的彩礼全部返还。第二类是出轨行为。第三类是家庭暴力行为，如果男方实施家庭暴力法院往往会降低女方返还彩礼的数额。

第3讲　何为离婚冷静期?

一、案例导读

董某和东某系自由恋爱,于2001年登记结婚后共同育有一女(目前已成年且独立生活)。董某自2013年起一直在韩国打工。因双方经常就家庭琐事争执,且已分居多年,董某以夫妻双方感情破裂为由诉至法院,请求法院判决原告和被告离婚。

法院审理认为,婚姻关系的维系以感情为基础,原告和被告结婚已有22年之久,并且育有一女,充分证明双方已经建立较稳固的夫妻感情,理应倍加珍惜。生活中产生分歧和争执在所难免,二人应当理性对待、互谅互让。同时,根据《民法典》关于离婚冷静期规定的立法精神,给予双方一定时间修复感情更有利于家庭和谐,故驳回董某的诉讼请求。

该案中,法院将针对协议离婚情形的离婚冷静期制度用于诉讼离婚的场景。那么,究竟何为离婚冷静期制度?本讲以下内容将围绕这一问题予以展开。

二、法律知识讲解

根据《民法典》第1080条的规定,完成离婚登记,或者离婚判决书、调解书生效的,婚姻关系解除。由此可知,我国夫妻离婚主要有两种途径:第一种是诉讼离婚;第二种是协议离婚。

就诉讼离婚而言,法院准予离婚的司法标准即夫妻感情确已破裂。具体而言,《民法典》第1079条明确列举了应当准予离婚的情形:第一,重婚或者与他人同居;第二,实施家庭暴力或者虐待、遗弃家庭成员;第三,有赌博、吸毒等恶习屡教不改;第四,因感情不和分居满2年;第五,一方被宣告失踪,另一方提起离婚诉讼;第六,经人民法院判决不准离婚后,双方又分居满1年,一方再次提起离婚诉讼。除前6种情形外,该条还规定了"其他导致夫妻感情破裂的情形"这一判决离婚的兜底条款供法院行使自由裁量权。

除诉讼离婚外,还有一种离婚方式即协议离婚。离婚冷静期制度即存在于协议离婚之中,该制度的设立初衷在于尽可能维系婚姻的存在。

(一)协议离婚流程

根据《民法典》第1076条第1款的规定,协议离婚是指夫妻双方自愿离婚,在签订书面离婚协议后,亲自到婚姻登记机关申请离婚登记。协议离婚需要经过夫妻双方两次申请,具体流程如下:

第一次申请是向婚姻登记机关申请离婚登记。具体而言,夫妻双方向婚姻登记机关申请离婚登记需要满足以下两项条件:其一,夫妻双方自愿离婚,并亲自前往婚姻登记机关申请离婚登记;其二,夫妻双方签订书面的离婚协议,并且该离婚协议应当载明双方自愿离婚的意思表示和对子女抚养、财产以及债务处理等事项协商一致的意见。

第二次申请是向婚姻登记机关申请发给离婚证。夫妻双方在向婚姻登记机关申请离婚登记后,在婚姻登记机关收到离婚登记申请之日起的30日届满后的再一个30日内,夫妻双方必须亲自前往婚姻登记机关申请发放离婚证,此时婚姻登记机关应当予以离婚登记并发给离婚证。也就是说,夫妻双方应当在婚姻登记机关收到离婚登记申请之日起的第31~60日内向婚姻登记机关提出第二次申请。

第一次申请和第二次申请的时间间隔至少为30日。这间隔的30日即所谓的离婚冷静期,该期间不可中断、不可延长。离婚冷静期制度只适用于协议离婚,并不适用于诉讼离婚。同时,离婚冷静期不能因为夫妻双方都有离婚意愿而得以免除,只要是协议离婚都应当经过离婚冷静期。

(二)离婚冷静期制度

《民法典》第1077条设置离婚冷静期的目的在于,为自愿离婚的双方在登记离婚中设置适当的时间门槛。"保障离婚自由、反对轻率离婚"是我国婚姻家庭法始终坚持的原则,规定离婚冷静期能够进一步遏制当前社会越来越严重的轻率离婚的现象:一方面,缓解夫妻双方出于冲动、赌气等原因产生的矛盾,给予双方静下来谈谈的时间,尽量维持婚姻关系稳定;另一方面,防止子女因轻率离婚受到伤害,强化对弱势群体的保护。在“保障离婚自由、反对轻率离婚”的原则下，协议离婚的夫妻双方在向婚姻登记机关申请离婚登记，即完成第一次申请后，需要“冷静”至少30日才可向婚姻登记机关提出第二次申请，取得离婚证。

在婚姻登记机关收到夫妻双方离婚登记申请之日起的30日内，是法定的夫妻双方考虑是否离婚的期间。在这30日内，任何一方不愿意离婚的，均可以向婚姻登记机关撤回离婚登记申请。《民法典》并未规定“向婚姻登记机关撤回离婚登记申请”的具体形式，但参照婚姻登记的形式要求，实践中通常要求不愿意离婚的任何一方亲自到婚姻登记机关以书面的形式撤回。同时，若任何一方撤回离婚登记申请，夫妻关系将会恢复到原始存续状态，再次申请离婚登记的则需要重新计算离婚冷静期。

在婚姻登记机关收到夫妻双方离婚登记申请之日起的30日经过后，夫妻双方可以决定是否继续申请离婚，但是必须在离婚冷静期届满后的30日内向婚姻登记机关申请发给离婚证。此时，如果婚姻登记机关查明双方确实属于自愿离婚，并且已经对子女抚养、财产以及债务处理等事项协商一致，则应当准许离婚，并且发给离婚证。如果夫妻双方没有在离婚冷静期届满后的30日向婚姻登记机关申请发给离婚证，则视为撤回离婚登记申请，此时夫妻双方的婚姻关系并未发生改变，仍然存续。特别值得注意的是，只要离婚冷静期届满后的30日内双方当事人没有申请发放离婚证，就产生撤回离婚登记申请的法律效果，而不问具体缘由；此时即使双方当事人主观上仍然非常想离婚，也不影响已经撤回离婚登记申请的效果。也就是说，撤回离婚登记的判断完全采取客观标准。

综上所述，离婚冷静期为夫妻双方提供了两次反悔的机会。第一次是在婚姻登记机关收到夫妻双方离婚登记申请之日起的30日内，任何一方都可以撤回离婚登记申请。第二次是在婚姻登记机关收到夫妻双方离婚登记申请之日起的30日届满后的再一个30日内，任何一方不申请发给离婚证就会产生撤回离婚登记申请的法律效果。严格来说，离婚冷静期制度仅针对协议离婚，前述案件中的法官在诉讼离婚适用这一制度虽然具有立场的正当性，但确实可能存在合法性的问题。

三、法律规定

《民法典》相关规定

第1076条　夫妻双方自愿离婚的，应当签订书面离婚协议，并亲自到婚姻登记机关申请离婚登记。

离婚协议应当载明双方自愿离婚的意思表示和对子女抚养、财产以及债务处理等事项协商一致的意见。

第 1077 条　自婚姻登记机关收到离婚登记申请之日起三十日内,任何一方不愿意离婚的,可以向婚姻登记机关撤回离婚登记申请。

前款规定期限届满后三十日内,双方应当亲自到婚姻登记机关申请发给离婚证;未申请的,视为撤回离婚登记申请。

第 1078 条　婚姻登记机关查明双方确实是自愿离婚,并已经对子女抚养、财产以及债务处理等事项协商一致的,予以登记,发给离婚证。

第4讲　夫妻共同债务应当如何认定？

一、案例导读

薛某凤与王某伟系夫妻，二人共同拥有一套房屋，登记在薛某凤名下。张某国是王某伟的同事，张某国于2020年3月向王某伟转账支付人民币30万元，双方于当日签订借款合同。王某伟把自己、妻子薛某凤和儿子的身份证复印件提供给张某国留存。自2022年3月借款期届满至起诉前，张某国多次催促王某伟还款均遭到拒绝。张某国于2023年9月把王某伟夫妇两人告上了法庭，主张该案借款是夫妻共同债务，应共同偿还。该案法院审理认为，张某国并未举证证明该案借款用于王某伟夫妇的家庭日常生活，薛某凤也并未在借款合同中签名。而且借款合同约定"经双方同意，任一方如有人生（身）意外，家人均可代为（履行）本合同合约"的内容，也反映当合同签订人有意外发生时，涉案债务才转由薛某凤女士履行，显然张某国当时已清楚知道涉案债务非基于夫妻共同合意。据此，张某国要求薛某凤承担责任的主张理据不足，法院不予支持。

该案中，双方当事人的纠纷主要涉及夫妻共同债务的认定问题。那么，我国现行法律对于夫妻共同债务的认定究竟是如何规定的？本讲以下内容将围绕这一问题予以展开。

二、法律知识讲解

（一）夫妻财产制与夫妻共同债务

所谓夫妻财产制，是指规范夫妻财产关系的法律制度，即规范夫妻婚前财产和婚后财产的归属、收益、使用和处分，婚姻的对外财产责任，以及婚姻关系终止时财产分割与清算等的法律制度。夫妻财产制可分为两种形式：一是约定财产制，即夫妻于婚前或者婚后通过合同的方式确定夫妻婚前、婚后财产关系的夫妻财产制形式；二是法定财产制，即法律明文规定的夫妻财产制形式。根据我国《民法典》的规定，约定财产制优于法定财产制，即只有在夫妻没有对婚前、婚后财产关系作出有效约定的情况下，才适用法律规定来规范夫妻婚前、婚后财产关系。

与夫妻财产制相对应的问题就是夫妻对债务的承担制度。其中，夫妻共同债务，是指夫妻双方均具有清偿义务的债务，即夫妻双方对债务需要共同承担清偿责任。此时，债权人有权要求夫妻任意一方偿还全部债务。

（二）认定为夫妻共同债务的情形

根据《民法典》第 1064 条及相关司法解释的规定，夫妻共同债务包括以下 3 种情形：

第一种是以夫妻共同名义所负的债务。具体而言，其表现为夫妻双方在借款合同上共同签名，或者夫妻一方在借款合同上签名，另一方事后进行追认等情形。总体来说，只要夫妻双方都认可债务与自己有关、愿意作为债务人，就可将相应债务认定为夫妻共同债务。

第二种是夫妻一方在婚姻关系存续期间以个人名义为家庭日常生活需要所负的债务。在法学理论上，有一个专业术语叫作家事代理权，意思是夫妻之间可以互相代替对方作出与日常生活有关的决定。具体到夫妻共同债务场合，就是夫妻一方以个人名义借款，但将该款项用于家庭日常生活需要。家庭日常生活需要，是指夫妻双方及其共同生活的未成年子女在日常生活中的必要支出，包括正常的衣食住行、医疗保健、子女教育、老人赡养等方面的开支，以及正当的娱乐、文化消费等，其金额和目的应符合日常性和合理性。

第三种是夫妻一方在婚姻关系存续期间以个人名义超出家庭日常生活需要所负的债务，但是债权人能够证明该债务用于夫妻共同生活或夫妻共同生产经营。与前一种情形不同，此处的债务已经超出家庭日常生活需要，但是基于夫妻是一个共利的整体，如果该笔债务被一方用于夫妻共同生活或夫妻共同生产经营，另一方就必然享受到该笔债务带来的利益，因此也属于夫妻共同债务。在此种情况下，需要由债权人承担举证责任。

（三）认定为夫妻个人债务的情形

1. 夫妻一方以个人名义所负的超出家庭日常生活需要的债务

夫妻一方在婚姻关系存续期间以个人名义所负的超出家庭日常生活需要的债务为夫妻个人债务，不认定为夫妻共同债务。但债权人能够证明该债务用于夫妻共同生活、共同生产经营或者基于夫妻双方共同意思表示的除外。

2. 与家庭生活无关的不合理开支

夫妻一方在婚姻关系存续期间所负的与家庭生活无关的债务为夫妻个人债务，不认定为夫妻共同债务。例如，夫妻一方为前婚所生子女购买房产、车辆，挥霍消费（如购买与自身经济能力范围不相匹配的顶级游戏设备、奢侈品等），无偿担保，以及违反夫妻相互忠实义务的行为（如包养情人、抚养私生子等）所产生的债务，均属于夫妻个人债务。

3. 虚构的夫妻共同债务

为家庭利益所负的债务应当具有正当性。夫妻一方在离婚时为侵吞共同财产而伪造证据、虚构夫妻共同债务的，该债务因本身不存在，自然不能认定为夫妻共同债务。

4. 夫妻一方因违法犯罪行为产生的债务

夫妻一方实施诈骗、抢劫、盗窃等违法犯罪行为所产生的债务，即便是为家庭利益也仍属于夫妻个人债务，不认定为夫妻共同债务。

5. 另有约定的债务

如果夫妻一方与债权人之间明确约定为个人债务，或夫妻之间约定婚姻关系存续期间适用分别财产制且债权人知情，则应当直接将欠该债权人的相应债务认定为夫妻个人债务。

（四）夫妻约定债务承担的效力

根据最高人民法院《关于适用〈中华人民共和国民法典〉婚姻家庭编的解释（一）》第35条规定："当事人的离婚协议或者人民法院生效判决、裁定、调解书已经对夫妻财产分割问题作出处理的，债权人仍有权就夫妻共同债务向男女双方主张权利。一方就夫妻共同债务承担清偿责任后，主张由另一方按照离婚协议或者人民法院的法律文书承担相应债务的，人民法院应予支持。"该解释第36条规定："夫或者妻一方死亡的，生存一方应当对婚姻关系存续期间的夫妻共同债务承担清偿责任。"

(五)法定夫妻个人财产的范围

根据《民法典》及相关司法解释的规定,法定夫妻个人财产包括以下财产:

第一,一方的婚前财产。也就是说,结婚双方在婚前取得的财产仍然归个人所有,不会因为婚姻关系的成立或存续而变为夫妻共同财产。

第二,一方因受到人身损害获得的赔偿或者补偿。简言之,如果一方在婚姻关系存续期间受到人身损害,则相关赔偿或者补偿应当属于个人财产。法律之所以这么规定,主要原因在于这类财产有很强的人身性,不宜作为夫妻共同财产处理。其典型例子即军人的伤亡保险金、伤残补助金、医药生活补助费属于军人的个人财产。这些财产有很强的人身性,所以不宜作为夫妻共同财产处理。

第三,遗嘱或者赠与合同中确定只归一方的财产。由此可知,婚姻关系存续期间一方得到的遗产本来应当属于共同财产,但是如果被继承人生前通过遗嘱的方式指定财产只归夫妻一方,则应当尊重被继承人的意愿。同理,赠与的财产也应据此确立权属。

第四,一方专用的生活用品。之所以做该规定,理由在于夫妻一方的专用生活用品对于夫妻另一方而言并没有太大价值,所以应当作为个人财产。举例而言,夫妻双方离婚时,女方的化妆品、衣物应当认定为其个人财产。

第五,婚前父母为双方购置房屋出资的,除父母明确表示赠与双方之外,该出资应当认定为对自己子女个人的赠与,为该子女个人所有。

当然,如果夫妻双方对于上述财产的归属存在特别约定,自然应当尊重双方的合意。也就是说,对于本归一方的财产,双方可以约定归双方。

三、相关法律规定

(一)《民法典》相关规定

第1064条　夫妻双方共同签名或者夫妻一方事后追认等共同意思表示所负的债务,以及夫妻一方在婚姻关系存续期间以个人名义为家庭日常生活需要所负的债务,属于夫妻共同债务。

夫妻一方在婚姻关系存续期间以个人名义超出家庭日常生活需要所负的债务,不属于夫妻共同债务;但是,债权人能够证明该债务用于夫妻共同生活、共同生产经营或者基于夫妻双方共同意思表示的除外。

第1089条　离婚时,夫妻共同债务应当共同偿还。共同财产不足清偿或者财产归各自所有的，由双方协议清偿；协议不成的，由人民法院判决。

(二)最高人民法院《关于适用〈中华人民共和国民法典〉婚姻家庭编的解释(一)》相关规定

第29条 当事人结婚前，父母为双方购置房屋出资的，该出资应当认定为对自己子女个人的赠与，但父母明确表示赠与双方的除外。

当事人结婚后，父母为双方购置房屋出资的，依照约定处理；没有约定或者约定不明确的，按照民法典第一千零六十二条第一款第四项规定的原则处理。

第30条 军人的伤亡保险金、伤残补助金、医药生活补助费属于个人财产。

第33条 债权人就一方婚前所负个人债务向债务人的配偶主张权利的，人民法院不予支持。但债权人能够证明所负债务用于婚后家庭共同生活的除外。

第34条 夫妻一方与第三人串通，虚构债务，第三人主张该债务为夫妻共同债务的，人民法院不予支持。夫妻一方在从事赌博、吸毒等违法犯罪活动中所负债务，第三人主张该债务为夫妻共同债务的，人民法院不予支持。

第35条 当事人的离婚协议或者人民法院生效判决、裁定、调解书已经对夫妻财产分割问题作出处理的，债权人仍有权就夫妻共同债务向男女双方主张权利。

一方就夫妻共同债务承担清偿责任后，主张由另一方按照离婚协议或者人民法院的法律文书承担相应债务的，人民法院应予支持。

第36条 夫或者妻一方死亡的，生存一方应当对婚姻关系存续期间的夫妻共同债务承担清偿责任。

四、法律知识拓展

夫妻一方伪造夫妻共同债务的后果是什么？

在婚姻关系存续期间内，如果一方与第三人串通，以编造借条等方式伪造夫妻共同债务，会产生三方面的法律效果。首先，该虚构的借条属于以虚假的意思表示实施的民事法律行为，应认定为无效，债权人不得以该借条为由向夫妻任一方索要财物。其次，如果另一方在婚姻关系存续期间内及时发现该行为，可直接请求法院分割夫妻共同财产。最后，如果另一方是在离婚阶段发现该行为的，那么在离婚分割夫妻共同财产时，对伪造夫妻共同债务一方可以少分或不分。即使另一方在离婚后才发现该行为，其依然可以向法院提起诉讼，请求再次分割夫妻共同财产。

第 5 讲　如何进行子女抚养费的确定、给付、变更?

一、案例导读

郭某与王甲于 2017 年 9 月 27 日登记结婚,二人婚后育有一子王小甲,王小甲出生于 2018 年 7 月 14 日。2019 年 11 月 20 日,郭某无法忍受王甲的家暴行为,双方前往民政局办理协议离婚,并签订离婚协议书一份。离婚协议书约定婚生之子王小甲由其母亲郭某抚养,王甲不支付抚养费。由于郭某婚后一直照顾家庭,没有稳定的工作收入,离婚后只能靠打零工勉强维持母子二人的生活。王甲则工作长期稳定,还曾到国外务工,一直有较高经济收入,且于 2020 年在县城购买楼房一处。郭某与王甲离婚后,王甲没有给付王小甲抚养费。现王小甲上幼儿园需支付学费、生活费等费用。为维护王小甲的合法权益,郭某于 2020 年 3 月 20 日代为起诉,要求王甲从 2020 年 4 月 1 日起每年给付王小甲生活费 12,000 元,至王小甲 18 岁为止。王甲主张自己与王小甲为农村户口,应当按照农村居民人均纯收入的标准计算抚养费。

法院认为,原告王小甲系其母郭某与被告王甲的婚生子,双方都有抚养孩子的义务。现原告已达到上幼儿园的年龄,原告的母亲无固定工作收入。被告王甲工作长期稳定,还曾在国外务工,且于 2020 年在县城购买房产。被告主张原告、被告均是农村户口,应按农村居民人均纯收入支付抚养费,但原告现居于县城,被告也有较强的经济能力,因此,对于被告要求按农村居民人均纯收入的标准计算抚养费的主张,法院不予采信。法院遂判决被告自 2020 年 4 月 1 日起开始按照城镇居民人均纯收入的标准支付原告抚养费。

该案中，双方当事人的纠纷主要涉及父母一方放弃另一方给付抚养费的效力问题。从更宽的层面来看，其涉及父母离婚时子女抚养费的确定、给付、变更等问题。本讲以下内容将围绕这些问题予以展开。

二、法律知识讲解

所谓子女抚养费，是指离婚后不直接抚养子女的一方给予另一方用于子女学习、生活等方面的费用。父母离婚以后，父母与子女间的关系并不因父母离婚的事实而消除，父母对子女依然具有抚养、教育和保护的义务，不直接抚养子女的一方应当通过给付抚养费的形式履行对子女的义务。

（一）父母离婚时子女抚养费的确定

《民法典》第1085条对抚养费的确定规则进行了明确：离婚后，子女由一方直接抚养的，另一方应当负担包括必要的生活费、教育费和医疗费在内的抚养费之部分或全部。负担费用的多少和期限的长短可交由双方自行协议，协议不成的，由法院进行判决。已有的关于抚养费的协议或判决，不妨碍子女在必要时向父母任何一方提出超过协议或者判决原定数额的合理要求。

确定抚养费的具体数额，应当综合考虑子女的实际需要、父母双方的负担能力和当地的实际生活水平。具体的方式可分为两种情况：其一，若支付抚养费一方有固定收入，抚养费一般按照其月总收入的20%～30%进行给付。若需负担两个以上子女的抚养费，比例可以适当提高，但是一般不得超过月总收入的50%。其二，若支付抚养费一方无固定收入，抚养费的数额可以依据当年总收入或者同行业平均收入，参照上述比例确定。个体工商户、专业承包户、私营企业主的子女抚养费，应依据其经营状况和实际利润给付。如果存在特殊情况，可在现有比例的基础上作出适当的提高或者降低。

导读案例中，法院作出裁判时主要考虑的是王甲的经济能力和孩子王小甲居住地的实际生活水平。首先，王甲工作长期稳定，还曾在国外务工，经济能力较强。其次，虽然王甲和王小甲均为农村户口，但王小甲从出生时起就居住在县城，王甲也在县城购买住房。在对最高人民法院《关于适用〈中华人民共和国民法典〉婚姻家庭编的解释（一）》第49条第1款的“当地的实际生活水平”出现理解分歧时，应当从保障未成年子女最大利益的角度出发，依照最有利于未成年子女的方式解释。考虑到上述情况，法院最终判决王甲按照王小甲所在地的城镇居民人均纯收入的标准支付原告抚养费。

(二)父母离婚时子女抚养费的给付

离婚子女抚养费的支付方式包括以下3种:第一种方式是定期给付。由于父母的收入一般是按月结算的,所以常见的定期给付方式是按月给付。定期给付的优点是可以使子女获得稳定的周期性生活保障,更有利于维护子女的正常生活。因此,非抚养方原则上应当采取定期给付的方式支付抚养费。第二种方式是一次性给付。在非抚养方的收入不稳定或者居住地不固定时,为了避免其长期拖欠抚养费,可以选择一次性给付的方式。由于一次性给付的方式存在诸多的风险,实践中应当审慎采用。第三种方式是以物折抵。在非抚养方无经济收入或下落不明时,其财物也可以折抵子女的抚养费。所谓无经济收入来源,指的是给付方本人处于没有长期、稳定收入来源的生活状态。这种情况无须给付方达到生活困难的程度,但应当达到影响给付方正常给付抚养费的程度。

一般情况下,离婚子女抚养费的给付期限是自离婚之日起直到子女成年之日止,特殊情况下可以延长或者缩短给付期限。申言之,当子女已经成年但因特殊情况不能独立生活时,给付期限可以适当延长,如子女在成年后继续在校就读,或者子女丧失劳动能力;若子女尚未成年但已满16周岁,以其劳动收入为主要生活来源,并能维持当地一般生活水平,父母也可以停止给付抚养费,让其独立依靠自己的劳动收入维持生活。

(三)父母离婚时子女抚养费的变更

即使父母离婚时已经协议确定或者经判决确定给付子女抚养费的数额,但基于父母的法定抚养义务,以及维护子女健康成长的原则,子女在必要时依然有权向父母任何一方要求增加抚养费。子女要求增加抚养费的,应当另行起诉。子女要求增加抚养费的法定理由包括:第一,原定抚养费数额不足以维持当地实际生活水平;第二,因子女患病、上学,实际需要已经超出原定的抚养费数额;第三,其他正当理由。

导读案例中,郭某和王甲在离婚协议书中约定,婚生之子王小甲由其母亲郭某抚养,王甲不支付抚养费,符合双方的意思自治。但是,当郭某的抚养能力明显不能保障子女所需费用时,该离婚协议书就存在侵害未成年人权益的问题,所以王小甲另行起诉要求王甲支付抚养费,理应得到支持。简单来说,夫妻双方离异时对于未成年子女抚养费的约定,不能侵害未成年子女的合法权益,子女要求父母支付抚养费并不受双方协议的约束,在确有必要的情况下有权要求增加抚养费。

三、相关法律规定

(一)《民法典》相关规定

第1084条　父母与子女间的关系,不因父母离婚而消除。离婚后,子女无论由父或者母直接抚养,仍是父母双方的子女。

离婚后,父母对于子女仍有抚养、教育、保护的权利和义务。

离婚后,不满两周岁的子女,以由母亲直接抚养为原则。已满两周岁的子女,父母双方对抚养问题协议不成的,由人民法院根据双方的具体情况,按照最有利于未成年子女的原则判决。子女已满八周岁的,应当尊重其真实意愿。

第1085条　离婚后,子女由一方直接抚养的,另一方应当负担部分或者全部抚养费。负担费用的多少和期限的长短,由双方协议;协议不成的,由人民法院判决。

前款规定的协议或者判决,不妨碍子女在必要时向父母任何一方提出超过协议或者判决原定数额的合理要求。

(二)最高人民法院《关于适用〈中华人民共和国民法典〉婚姻家庭编的解释(一)》相关规定

第42条　民法典第一千零六十七条所称"抚养费",包括子女生活费、教育费、医疗费等费用。

第49条　抚养费的数额,可以根据子女的实际需要、父母双方的负担能力和当地的实际生活水平确定。

有固定收入的,抚养费一般可以按其月总收入的百分之二十至三十的比例给付。负担两个以上子女抚养费的,比例可以适当提高,但一般不得超过月总收入的百分之五十。

无固定收入的,抚养费的数额可以依据当年总收入或者同行业平均收入,参照上述比例确定。

有特殊情况的,可以适当提高或者降低上述比例。

第50条　抚养费应当定期给付,有条件的可以一次性给付。

第51条　父母一方无经济收入或者下落不明的,可以用其财物折抵抚养费。

第52条　父母双方可以协议由一方直接抚养子女并由直接抚养方负担子女全部抚养费。但是,直接抚养方的抚养能力明显不能保障子女所需费用,影响子女健康成长的,人民法院不予支持。

第53条　抚养费的给付期限,一般至子女十八周岁为止。

十六周岁以上不满十八周岁,以其劳动收入为主要生活来源,并能维持当地一般生活水平的,父母可以停止给付抚养费。

第58条　具有下列情形之一,子女要求有负担能力的父或者母增加抚养费的,人民法院应予支持:

(一)原定抚养费数额不足以维持当地实际生活水平;

(二)因子女患病、上学,实际需要已超过原定数额;

(三)有其他正当理由应当增加。

第 6 讲　离婚经济补偿是什么意思?

一、案例导读

原告胡某艳(女)与被告陈某高(男)自由恋爱,于 2018 年 10 月 16 日登记结婚。双方于 2020 年 2 月 15 日生育大儿子胡某志,于 2022 年 4 月 11 日生育小儿子胡某勇。婚后二人居住在原告父母名下的自建房屋内,无共同财产、无共同债务。后二人因家庭琐事等问题发生矛盾,长期分居生活。原告曾于 2022 年 6 月 10 日起诉过离婚,经判决不准离婚后,双方未共同生活,也未有效沟通。现原告认为夫妻感情已完全破裂,遂再次向法院起诉离婚,并且要求被告给予离婚经济补偿。

法院认为,原告胡某艳与被告陈某高的夫妻感情确已完全破裂,且被告也同意离婚,故依法判决准许离婚,并且从有利于未成年人成长的角度出发,判决孩子均由原告抚养。又因原告在与被告共同生活的过程中,对家庭负担了较多的义务,故被告应给予原告一定的补偿。法院最终认定被告支付补偿款 50,000 元。

该案中,双方当事人的纠纷主要涉及应否给予离婚经济补偿的问题。那么,何为离婚经济补偿制度?本讲以下内容将围绕这一问题予以展开。

二、法律知识讲解

(一)离婚经济补偿的概念

离婚经济补偿是法定的离婚救济方式,是指夫妻一方因抚育子女、照料老年人、协助另一方工作等负担较多义务的,离婚时有权向另一方请求补偿。

(二)离婚经济补偿制度的适用条件

《民法典》第 1088 条规定,适用离婚经济补偿需要一方承担较多义务,承担义务较多一方既可以是男方也可以是女方。此处的义务不仅仅包括抚养、赡养等法定义务,也包括一些非法定家务活动,如打扫卫生、接送孩子等。离婚经济补偿制度从立法角度看是对家务劳动的认可,但这不意味着只要承担家务劳动就可以满足离婚经济补偿制度的适用条件。想要满足离婚经济补偿制度的适用条件,需要一方承担较多劳务并且因此遭受损失,而另一方因为其付出又取得利益。这个利益是一种抽象利益,既包括为另一方提供的便利,如提供良好的家庭氛围,也包括因为从事家务劳动导致人力资本和机会成本减损的事实。比如,在一方为在职人员,另一方为家庭主妇的情况下,家庭主妇承担了家庭里大多数的劳务,在一定程度上减少了自己直接创造财富的机会,为另一方提供了好的家庭环境和便利,所以可以适用离婚经济补偿制度。

离婚经济补偿制度的立法意义在于通过保障婚姻当事人不会因婚姻解体而获利或者受损来实现正向激励,以矫正一方在婚姻关系存续期间对家庭的投入被另一方无偿占有的情况。所以为了更好地实现立法目的,在司法实务中,有些案件虽然不涉及家务劳动,但是也可以适用离婚经济补偿制度。如为生育子女,女方在婚姻关系存续期间因胚胎移植术、流产等多次住院治疗的,女方身心必然会遭受一定损害,男方应当支付女方离婚经济补偿。所以说,有的案件虽然不涉及夫妻一方的家务劳动价值,但是根据离婚经济补偿制度的立法精神,也可以例外承认女方在生育子女方面所作出的特殊贡献,从而认定女方有权获得离婚经济补偿,体现出对妇女权益的特别保障。

上述条件的适用都是针对法定应当取得离婚经济补偿的情况。离婚经济补偿的获得既可以由法律规定,也可以由双方约定,如果是双方约定则不受《民法典》第1088条规定的约束。双方离婚协议中补偿约定的作出可能出于双方婚姻关系中的各种原因,并不局限于抚育子女、多干家务等原因。只要是双方真实意思表示且不存在法定事由,法院就应当认可离婚协议中该补偿条款的效力,尊重当事人意思自治。

(三)离婚经济补偿的确定方法

离婚经济补偿可以在协议离婚时确定,也可以在诉讼离婚中确定。若双方协议离婚,该经济补偿的协议内容可以作为离婚协议的构成部分提交至婚姻登记机关作为申请离婚的材料。经婚姻登记机关查明确属自愿,且不违反法律规定的,给予离婚登记后,双方应自觉履行协议。若双方诉讼离婚,对经济补偿达成一致意见,则由法院以调解书或判决书形式予以确认；协议不成的，则由法院根据《民法典》第1088条规定，结合案件具体情况判决。

法院在判决离婚经济补偿时需要考虑很多因素，但不应将重心放在对婚姻时间长短、婚姻生活的状况等因素的考量上，可主要针对以下几种情形进行救济：(1)离婚以后仍然需要负担义务的，如一方继续抚养子女。(2)在婚姻关系存续期间由于承担较多义务而产生的不利影响，在离婚以后依然存在，如谋生能力丧失或严重下降。(3)为家庭作出重大贡献或牺牲的，如为配偶或家庭共同利益，牺牲自己事业并且很难挽回。(4)有证据证明一方对家庭没有任何贡献，均分财产不公平的。

(四)用于支付离婚经济补偿的财产范围

在夫妻实行分别财产制的情形下，用于支付离婚经济补偿的责任财产只能是个人财产。在夫妻共同财产制的情况下，基于离婚经济补偿金的补偿目的，如果从夫妻共同财产中扣除将会失之偏颇，所以应由另一方以个人财产来补偿多承担家庭劳务的一方。这里的个人财产包括婚后个人财产以及离婚以后个人财产。

(五)离婚经济补偿与其他法定离婚救济方式的比较

需要明确的是，法定离婚救济方式包括3种：离婚经济补偿、离婚经济帮助(离婚时，生活确有困难的一方有权请求有负担能力的另一方给予适当帮助)、离婚损害赔偿(夫妻一方的法定过错行为导致离婚的，无过错方有权向有过错方请求损害赔偿)。离婚经济补偿在个案中的适用不影响其余救济方式的认定，如夫妻一方在婚姻生活中除负担较多的家庭照顾义务外，还经常遭受另一方的家暴，那么离婚后另一方除支付离婚经济补偿外，还需进行离婚损害赔偿。

三、相关法律规定

《民法典》相关规定

第1088条　夫妻一方因抚育子女、照料老年人、协助另一方工作等负担较多义务的，离婚时有权向另一方请求补偿，另一方应当给予补偿。具体办法由双方协议；协议不成的，由人民法院判决。

第1090条　离婚时，如果一方生活困难，有负担能力的另一方应当给予适当帮助。具体办法由双方协议；协议不成的，由人民法院判决。

第1091条　有下列情形之一，导致离婚的，无过错方有权请求损害赔偿：

(一)重婚；

（二）与他人同居；

（三）实施家庭暴力；

（四）虐待、遗弃家庭成员；

（五）有其他重大过错。

第 7 讲　离婚损害赔偿是什么意思？

一、案例导读

2007 年，刘某 1 与王某相识相恋并开始同居生活，于 2008 年 4 月 13 日生育男孩刘某 2。2011 年 7 月 11 日，双方在景泰县民政局补办结婚登记手续，后于 2014 年 2 月 19 日生育女孩刘某 3。自刘某 3 出生后，刘某 1 一直外出打工，王某照顾两个孩子并在 × × 县旁经营早餐店，双方聚少离多。2018 年 4 月 16 日，因夫妻感情破裂，双方协议离婚。后刘某 1 发现刘某 3 并非自己亲生，因此诉至法院，请求判令王某返还抚养费用，并给予离婚损害赔偿。

该案审理法院认为，王某在与刘某 1 婚姻关系存续期间，与他人生育女儿，违反了夫妻之间的忠诚义务。王某的行为存在明显过错，给刘某 1 造成了精神上的损害，故刘某 1 主张精神损害抚慰金有事实和法律依据，应当予以支持。关于精神损害抚慰金的数额，需结合过错程度、当地经济水平、王某的经济能力等综合认定。王某向刘某 1 支付精神损害抚慰金 20，000 元并无不当，王某主张金额过高，缺乏事实和法律依据，不能得到支持。关于王某是否应当向刘某 1 返还非婚生女的抚养费的问题，由于刘某 1 与刘某 3 无血缘关系，对刘某 3 并无法定抚养义务，故刘某 1 在婚姻关系存续期间为刘某 3 所付出的抚养费应当由王某返还给刘某 1。关于返还抚养费的数额，参照当地生活消费支出水平，酌定为 30，000 元。

该案中，双方当事人的纠纷涉及如何进行离婚损害赔偿的问题。那么，我国现行法律对于离婚损害赔偿制度究竟是如何规定的？本讲以下内容将围绕这一问题予以展开。

二、法律知识讲解

(一)离婚损害赔偿的定义与适用范围

离婚损害赔偿,是指夫妻一方因为过错实施法律规定的违法行为,妨害婚姻关系和家庭关系,导致夫妻双方离婚的,过错方应当承担的侵权损害赔偿责任。此处的损害赔偿,包括物质损害赔偿和精神损害赔偿。

离婚损害赔偿既可以适用于诉讼离婚,也可以适用于协议离婚。在诉讼离婚中,若无过错方作为原告提起损害赔偿请求,必须在离婚诉讼的同时提出。若无过错方作为被告且不同意离婚,其可以在同意离婚时重新提起诉讼,并提起损害赔偿请求。基于保护无过错方利益的原则,无过错方单独提起诉讼不受时间限制。若无过错方在一审中未提出损害赔偿的请求,而在二审期间提出,二审法院应当进行调解;调解不成的,二审法院应当告知当事人另行起诉,除非双方当事人同意由二审法院一并审理。

(二)离婚损害赔偿的构成要件

法院在审理案件时,如果要适用离婚损害赔偿制度,必须满足如下构成要件:

第一,请求离婚损害赔偿的一方不得存在过错。离婚损害赔偿请求只能由无过错方提起,若双方均有过错,过错较小的一方无权请求对方赔偿损害。值得注意的是,对此处的“过错”不能作宽泛的理解,其受到法律的严格限制,即仅限于《民法典》第 1091 条明文规定的 5 种行为。这是因为法律不可能过度干涉婚姻生活,婚姻生活中总会存在各种类型的过错,其中绝大部分的过错并不需要由法律进行调节。只有危害性较大的过错行为,法律才需要对其进行追究。

第二,另一方在婚姻关系存续期内存在法定的过错行为。依据《民法典》第 1091 条的规定,有重婚,与他人同居,实施家庭暴力,虐待、遗弃家庭成员或者其他重大过错,可以认定为存在法定的过错行为。具体而言,所谓重婚,是指在婚姻关系存续期间与他人结婚,包括事实婚姻与登记婚姻;所谓与他人同居,是指在婚姻关系存续期间与婚外的异性不以夫妻名义而持续、稳定地共同居住的行为;所谓实施家庭暴力、虐待家庭成员,不仅包括对身体的侵害,还包括以经常性谩骂、恐吓等方式实施的对精神的摧残;所谓遗弃家庭成员,是指婚姻关系中负有扶养义务的一方,不履行对另一方应尽义务的行为。

在导读案例中，虽然刘某3并非刘某1亲生，但民法上的重婚或者与他人同居有特定的内涵，并不同于日常生活中所理解的与婚外异性发生关系的出轨行为。刘某1要想以重婚或与他人同居为由要求王某赔偿，需进一步证明王某与他人以或者不以夫妻名义持续、稳定地同居。刘某3不是刘某1亲生的，只能证明王某与婚外异性发生了关系，即存在出轨行为，并不能直接说明王某与婚外异性在婚姻关系存续期间结婚，或者不以夫妻名义而持续、稳定地同居，不能当然地认定王某存在重婚或者与他人同居行为。不过，基于"有其他重大过错"的兜底性条款，刘某1依然有权向王某主张离婚损害赔偿。该案中，王某向刘某1隐瞒刘某3非亲生的事实，使刘某1在不负有抚养义务的情况下将刘某3抚养至7岁，属于有其他重大过错，法院可以支持刘某1的离婚损害赔偿请求。

事实上，在丈夫因孩子非亲生而向妻子提起离婚诉讼的案件中，司法实践大多认为丈夫可以向妻子要求返还抚养费、支付精神损害赔偿。其理由在于：既然孩子不是丈夫亲生的，则丈夫从一开始就不负有法定的抚养义务，那么丈夫为抚养孩子支出的抚养费用就没有法律上的原因，妻子应当返还丈夫支出的抚养费。同时，孩子不是亲生的这一事实，意味着丈夫的感情在夫妻关系和亲子关系上都受到了伤害，妻子应当为此进行精神损害赔偿。综上所述，刘某1可以要求王某对自己支付离婚损害赔偿。当王某确实与他人在婚姻关系存续期间结婚，或者不以夫妻名义持续、稳定地同居时，请求离婚损害赔偿的理由为《民法典》第1091条第1项"重婚"或第2项"与他人同居"。当王某不存在重婚或与他人同居的情形时，可以将"孩子不是亲生的"解释为《民法典》第1091条第5项"有其他重大过错"。离婚损害赔偿的内容为返还抚养费与给予精神损害赔偿。

（三）离婚损害赔偿的提出时间

首先，婚姻关系存续期间，当事人不得提出离婚损害赔偿请求。婚内侵权是否应当得到救济，既涉及公共权力与私人权利之间的博弈，也涉及夫妻家庭和谐与夫妻人格独立之间的价值权衡，还涉及夫妻财产制的制度设计，因此在学理上有很大的争论。由最高人民法院《关于适用〈中华人民共和国民法典〉婚姻家庭编的解释（一）》第87条规定可知，我国不承认婚内侵权及由此产生的赔偿责任。这主要是为了保护夫妻关系的稳定和存续，同时与我国法确立的夫妻共同财产制相适应。在导读案例中，若刘某1不愿意与王某离婚，其无法要求王某进行赔偿。

其次,无过错方提起损害赔偿的诉讼请求,必须在离婚诉讼的同时提出。在离婚判决作出后,无过错方不能再单独就损害赔偿提出请求。

最后,当事人在婚姻登记机关办理离婚登记手续后,无过错方向法院提起损害赔偿的诉讼请求时,法院应当受理。此时法律并未规定提起离婚损害赔偿之诉的时间限制,但是当事人在协议离婚时已经明确表示放弃此项请求的除外。

三、相关法律规定

(一)《民法典》相关规定

第1091条　有下列情形之一,导致离婚的,无过错方有权请求损害赔偿:

(一)重婚;

(二)与他人同居;

(三)实施家庭暴力;

(四)虐待、遗弃家庭成员;

(五)有其他重大过错。

(二)最高人民法院《关于适用〈中华人民共和国民法典〉婚姻家庭编的解释(一)》相关规定

第86条　民法典第一千零九十一条规定的"损害赔偿",包括物质损害赔偿和精神损害赔偿。涉及精神损害赔偿的,适用《最高人民法院关于确定民事侵权精神损害赔偿责任若干问题的解释》的有关规定。

第87条　承担民法典第一千零九十一条规定的损害赔偿责任的主体,为离婚诉讼当事人中无过错方的配偶。

人民法院判决不准离婚的案件,对于当事人基于民法典第一千零九十一条提出的损害赔偿请求,不予支持。

在婚姻关系存续期间,当事人不起诉离婚而单独依据民法典第一千零九十一条提起损害赔偿请求的,人民法院不予受理。

第88条　人民法院受理离婚案件时,应当将民法典第一千零九十一条等规定中当事人的有关权利义务,书面告知当事人。在适用民法典第一千零九十一条时,应当区分以下不同情况:

(一)符合民法典第一千零九十一条规定的无过错方作为原告基于该条规定向人民法院提起损害赔偿请求的,必须在离婚诉讼的同时提出。

（二）符合民法典第一千零九十一条规定的无过错方作为被告的离婚诉讼案件，如果被告不同意离婚也不基于该条规定提起损害赔偿请求的，可以就此单独提起诉讼。

（三）无过错方作为被告的离婚诉讼案件，一审时被告未基于民法典第一千零九十一条规定提出损害赔偿请求，二审期间提出的，人民法院应当进行调解；调解不成的，告知当事人另行起诉。双方当事人同意由第二审人民法院一并审理的，第二审人民法院可以一并裁判。

第89条　当事人在婚姻登记机关办理离婚登记手续后，以民法典第一千零九十一条规定为由向人民法院提出损害赔偿请求的，人民法院应当受理。但当事人在协议离婚时已经明确表示放弃该项请求的，人民法院不予支持。

第90条　夫妻双方均有民法典第一千零九十一条规定的过错情形，一方或者双方向对方提出离婚损害赔偿请求的，人民法院不予支持。

第二部分
继承纠纷处理

第8讲　父债需要子偿吗?

一、案例导读

李某3因参与某房地产开发项目向罗某借款80万元,李某2、李某1系其子女。后李某3去世,李某2与李某1为其第一顺序法定继承人。罗某起诉要求李某2与李某1在继承遗产的范围内偿还债务,被告李某2、李某1表示对相关债务并不知情。

法院经审理认为,根据《民法典》第1161条的规定,李某2、李某1均系李某3的第一顺位继承人,且均未放弃对李某3遗产的继承,故应当由李某2、李某1在其继承李某3的遗产的实际价值范围内偿还罗某80万元。

该案中,双方当事人的纠纷主要涉及子女应否清偿父母债务的问题。那么,根据我国现行法律的规定,子女是否有义务替父母还债?本讲以下内容将围绕这一问题予以展开。

二、法律知识讲解

(一)我国法律并不支持传统意义上的"父债子偿"

在中国的传统观念中,一直存在着"父债子偿"的说法。这种观念认为父母含辛茹苦将子女抚养成人,子女替父母还钱自然也是理所应当的,确实具有一定的民意基础;但这与现代法治反对株连、倡导人格独立的思想是背道而驰的,我国现行法律对此也持否定态度。那么,现实生活中为什么会出现所谓的"父债子偿"现象?应该说,我国相关法律规定并未在例外情况下承认"父债子偿",其真正要想表达的意思是:父母死亡后,在其遗产清偿债务之前,作为继承人的子女并不能继承;如果子女选择继承父母的遗产,就意味着其必须在遗产范围内清偿父母的债务。

对此,我国现行《民法典》第 1161 条第 1 款规定:“继承人以所得遗产实际价值为限清偿被继承人依法应当缴纳的税款和债务。超过遗产实际价值部分,继承人自愿偿还的不在此限。”也就是说,对于子女是否需要清偿已经去世的父母遗留下来的债务的问题,大致可作如下解读:第一,如果父母遗留了合法财产,且子女未放弃继承,则子女在父母遗产范围内负有偿还父母债务的义务。如果债务清偿完毕后,父母遗留的遗产仍有剩余,则子女可以依法继承剩下的部分。如果父母遗留的遗产不足以清偿全部债务,则子女对超出遗产数额的债务没有清偿义务,其只需要在遗产范围内清偿父母生前所欠下的债务。第二,如果父母没有遗留合法财产,此时子女对于父母的债务无须清偿。第三,如果父母遗留了合法财产,但子女放弃继承,那么子女无须承担偿还父母债务的义务。

(二)存在有效遗嘱或者遗赠情形下的债务清偿

上述情形是以作为被继承人的父母生前没有订立有效遗嘱为前提的,如果留有有效遗嘱,则情况又是不一样的。在现实生活中,还可能存在留有债务的父母去世后,其遗产由法定继承人、遗嘱继承人和受遗赠人分别继承的情况。《民法典》第 1163 条规定,既有法定继承又有遗嘱继承、遗赠的,应先由法定继承人清偿被继承人依法应当缴纳的税款和债务;只有在法定继承人所继承的遗产不足以清偿的情况下,才由遗嘱继承人和受遗赠人按比例清偿。对此,可能存在如下多种情形:

第一,如果法定继承人所继承的遗产份额超过被继承人所欠债务的总额,就只由法定继承人偿还债务。举例而言,如果被继承人生前负债 100 万元,其在死亡之前留下遗嘱,指定丙、丁分别继承其 60 万元和 40 万元的存款,但是遗嘱并未就其价值 300 万元的房屋进行处分,该房屋最终由法定继承人甲、乙继承。此时,只有甲、乙需要偿还债务,具体数额应根据其原先所继承的遗产份额加以确定。

第二,如果法定继承人所继承的遗产份额和遗嘱继承人、受遗赠人所得到的遗产总额低于被继承人所欠债务,此时他们得到的全部遗产都应当予以偿债。举例而言,如果被继承人生前负债 100 万元,其在死亡之前留下遗嘱,指定丙、丁分别继承其 20 万元和 30 万元的存款,但是遗嘱并未就其价值 30 万元的汽车进行处分,该汽车最终由法定继承人甲、乙继承。此时,因为该案中被继承人留下的遗产总额为 80 万元,低于债务总额 100 万元,所以甲、乙、丙、丁四人均应当在其得到的遗产的范围内清偿债务。

第三，如果法定继承人所继承的遗产份额不足以偿债，但是剩余债务额度又低于遗嘱继承人、受遗赠人所得到的遗产总额，此时法定继承人应当在自己继承的遗产的范围内偿债，遗嘱继承人、受遗赠人按照比例分配剩余债务。举例来说，如果被继承人生前负债 100 万元，其在死亡之前留下遗嘱，指定丙、丁分别继承其 60 万元和 40 万元的存款，但是遗嘱并未就其价值 60 万元的汽车进行处分，最终法定继承人甲、乙就该汽车分别继承 30 万元。此时，甲、乙应当偿还 30 万元，丙、丁则分别偿还 24 万元和 16 万元。

（三）强行向子女要债的后果

通过以上分析，我们得知子女仅在一些特殊情况下对父母所欠的债务负有清偿责任。因此，如果不存在上述列举的情形，债权人仍强行向债务人的子女要债，其行为就属于违法行为，情节严重的甚至可能构成犯罪。例如，未经许可进入债务人子女的家中要债的，可能构成非法侵入住宅罪；又如，强行夺取债务人子女家中的冰箱、沙发等贵重物品抵债，视情况可能构成抢夺罪或抢劫罪。

三、相关法律规定

《民法典》相关规定

第 1159 条　分割遗产，应当清偿被继承人依法应当缴纳的税款和债务；但是，应当为缺乏劳动能力又没有生活来源的继承人保留必要的遗产。

第 1161 条　继承人以所得遗产实际价值为限清偿被继承人依法应当缴纳的税款和债务。超过遗产实际价值部分，继承人自愿偿还的不在此限。

继承人放弃继承的，对被继承人依法应当缴纳的税款和债务可以不负清偿责任。

第 1163 条　既有法定继承又有遗嘱继承、遗赠的，由法定继承人清偿被继承人依法应当缴纳的税款和债务；超过法定继承遗产实际价值部分，由遗嘱继承人和受遗赠人按比例以所得遗产清偿。

第9讲　口头遗嘱在哪些情形下有效？

一、案例导读

李老汉与王某梅系夫妻关系，育有李一（男）、李二（男）和李小妹（女）三个孩子，王某梅在生下李小妹之后就因并发症去世了。2016年3月2日，李老汉生病入院，后被查出患有胰腺肿瘤。住院之后，李老汉的身体状况急转直下，多次被医生下达病危通知书。2016年9月15日，李一、李二到医院看望李老汉。李老汉自知时日无多，便在两个儿子的见证下口述遗嘱，遗嘱内容如下：将两套房子分给两个儿子，其中公园道1号小区1301室分给李一、1302室分给李二，剩余的50万元存款留给李小妹。说完遗嘱后李老汉就陷入了昏迷，随后抢救无效死亡。

李老汉去世后，李一、李二和李小妹便开始张罗后事。李一、李二认为李老汉口头遗嘱的内容对自己更有利，要求按照口头遗嘱的内容进行分配，而李小妹坚决反对。于是，李一、李二向人民法院提起诉讼，请求法院确认口头遗嘱效力，并按照口头遗嘱的内容分配遗产。法院认为，根据《民法典》第1140条第2项的规定，继承人不能作为见证人，因此李老汉的口头遗嘱不符合法定形式要求，应认定为无效，李老汉的遗产应当按照法定继承的方式进行分配。

该案中，当事人的纠纷主要涉及口头遗嘱是否有效的问题。那么，我国现行法律对于口头遗嘱究竟是如何规定的？本讲以下内容将围绕这一问题予以展开。

二、法律知识讲解

（一）遗嘱的法定形式

根据《民法典》第1134条至第1139条的规定，遗嘱有6种法定形式，并且都有严格的形式要求：

1. 自书遗嘱。自书遗嘱是由遗嘱人亲笔书写、签名的遗嘱，需要在遗嘱中注明年、月、日。

2. 代书遗嘱。代书遗嘱是由遗嘱人之外的见证人代写的遗嘱。在代书遗嘱的场合，应当有两个以上见证人在场见证，由其中一人代书并由遗嘱人、代书人和其他见证人签名，注明年、月、日。

3. 打印遗嘱。打印遗嘱是以打印形式形成的遗嘱，需要有两个以上见证人在场见证。遗嘱人和见证人应当在遗嘱的每一页签名，注明年、月、日。

4. 录音录像遗嘱。录音录像遗嘱是指以录音、录像形式记录的遗嘱，应当有两个以上见证人在场见证。遗嘱人和见证人应当在录音录像中记录其姓名或者肖像，以及年、月、日。

5. 口头遗嘱。口头遗嘱只有在危急的情况下才适用。口头遗嘱应当有两个以上见证人在场见证。危急情况消除后，遗嘱人能够以书面或者录音录像形式立遗嘱的，口头遗嘱无效。

6. 公证遗嘱。公证遗嘱由遗嘱人经公证机构办理。公证遗嘱并不当然具有优先于其他形式遗嘱的效力。

（二）口头遗嘱的生效要件

口头遗嘱要实际发生效力，必须满足以下3个条件：

其一，只有在无法订立其他类型的遗嘱时，即危急情况下，才可以订立口头遗嘱。危急情况通常指生命危急，可见口头遗嘱不是任何场合都可以使用的立遗嘱的方式。比如，张三年事已高，担心某天突然驾鹤西去，便心血来潮地叫来两个邻居立下口头遗嘱。由于张三并未处于危急情况，因此口头遗嘱无效。口头遗嘱至少适用于以下几种情况：(1)遗嘱人因病濒临死亡时，在病榻上订立口头遗嘱；(2)遗嘱人因自然灾害处于生命危险时，在遇难现场订立口头遗嘱；(3)遗嘱人在战争中身负重伤，生命垂危时，在战场上订立口头遗嘱；(4)遗嘱人遭遇不法侵害，生命垂危时，在遇害现场订立口头遗嘱；(5)遗嘱人在航空、航海中遇到事故，生命有危险时，在航空器或船舶上订立口头遗嘱。从日常生活来看，病危时立下口头遗嘱是最多见的。

其二，必须有两个以上见证人在场见证。《民法典》对遗嘱见证人有特别规定：(1)须具有见证能力。如无民事行为能力人、限制民事行为能力人不能作为遗嘱见证人。(2)与被继承人、继承人、受遗赠人均无利害关系。既不能具有亲属关系(包括血亲关系和姻亲关系),也不能具有足以影响见证人立场的其他关系(如债权债务关系)。比如,李四叫来两个儿子作为见证人订立口头遗嘱,由于两个儿子并非合格的见证人,因此口头遗嘱无效。

其三,危急情况消除后,遗嘱人无法通过其他方式另立遗嘱。根据《民法典》第1138条的规定,危急情况消除后,口头遗嘱并非直接归于无效,只有在遗嘱人能够以书面或者录音录像形式订立遗嘱的情况下,口头遗嘱才归于无效,而无论其本身是否客观上订立了其他形式的遗嘱。从法理上而言,如果遗嘱人客观上能够订立其他形式的遗嘱,就意味着"口头遗嘱"应急功能所依赖的客观条件已经消除,其也将失效。那么,应当如何理解"遗嘱人能够以书面或者录音录像形式立遗嘱"?对此,只要在危急情况消除后,遗嘱人具备订立其他形式遗嘱的客观条件,先前订立的口头遗嘱即归于无效。如果遗嘱人在危急情况消除后,确实没有订立其他形式遗嘱的客观条件,则口头遗嘱仍然有效。但一般而言,遗嘱人不具备订立其他形式遗嘱的客观条件是极为罕见的,原则上还是能推定得出"危急情况消除则口头遗嘱无效"的结论。概言之,只要遗嘱人消极不作为(不订立其他形式的遗嘱),就应当推定其是以自己的行为撤销之前所立口头遗嘱。此时,即使遗嘱人仍想按照先前的口头遗嘱分配遗产,只要其客观上能以其他形式订立遗嘱,那么之前所订立的口头遗嘱就失效。

口头遗嘱是一种特殊的遗嘱形式,其效力仅在特殊情况下才能得到承认。之所以对口头遗嘱进行如此严格的限制,其背后原因在于:遗嘱作为严格的要式行为,具有形式强制性,目的在于保证遗嘱内容的真实性,确保遗嘱人作出真实的意思表示。在遗嘱人患重病或者遭遇意外事件时,通常无法满足订立其他形式遗嘱的严格条件,所以为了保证遗嘱人在危急时刻仍能订立遗嘱,我国规定了口头遗嘱这一更简便的形式——无须经过遗嘱人亲自签名或者按指印。但这导致口头遗嘱在实践中极容易被伪造,因此需要对其生效要件进行更加严格的限定。此乃平衡遗嘱自由和遗嘱真实性的结果。如果口头遗嘱不满足上述的构成要件,那么口头遗嘱无效,其所涉及的遗产就有可能按照法定继承处理。

三、相关法律规定

《民法典》相关规定

第1133条　自然人可以依照本法规定立遗嘱处分个人财产,并可以指定遗嘱执行人。

自然人可以立遗嘱将个人财产指定由法定继承人中的一人或者数人继承。

自然人可以立遗嘱将个人财产赠与国家、集体或者法定继承人以外的组织、个人。

自然人可以依法设立遗嘱信托。

第 1134 条 自书遗嘱由遗嘱人亲笔书写,签名,注明年、月、日。

第 1135 条 代书遗嘱应当有两个以上见证人在场见证,由其中一人代书,并由遗嘱人、代书人和其他见证人签名,注明年、月、日。

第 1136 条 打印遗嘱应当有两个以上见证人在场见证。遗嘱人和见证人应当在遗嘱每一页签名,注明年、月、日。

第 1137 条 以录音录像形式立的遗嘱,应当有两个以上见证人在场见证。遗嘱人和见证人应当在录音录像中记录其姓名或者肖像,以及年、月、日。

第 1138 条 遗嘱人在危急情况下,可以立口头遗嘱。口头遗嘱应当有两个以上见证人在场见证。危急情况消除后,遗嘱人能够以书面或者录音录像形式立遗嘱的,所立的口头遗嘱无效。

第 1139 条 公证遗嘱由遗嘱人经公证机构办理。

第 1140 条 下列人员不能作为遗嘱见证人:

(一)无民事行为能力人、限制民事行为能力人以及其他不具有见证能力的人;

(二)继承人、受遗赠人;

(三)与继承人、受遗赠人有利害关系的人。

四、法律知识拓展

在处理口头遗嘱继承纠纷案件时,应先审查口头遗嘱是否存在

对于口头遗嘱是否存在的证明责任,应交由主张遗嘱存在的一方负担,如果其能够证明口头遗嘱存在,下一步才涉及审查口头遗嘱的效力问题。在处理这类继承纠纷案件时,如果一方主张存在口头遗嘱,且该口头遗嘱对另一方不利,但另一方对此既不承认也不否认,在经法院释明后,其仍然不明确表示肯定或者否定,视为其认可存在口头遗嘱。关于这一证据规则,最高人民法院《关于民事诉讼证据的若干规定》第 4 条规定:“一方当事人对于另一方当事人主张的于己不利的事实既不承认也不否认,经审判人员说明并询问后,其仍然不明确表示肯定或者否定的,视为对该事实的承认。”故在一方主张存在口头遗嘱，且该口头遗嘱对另一方不利的情况下，另一方是不能以默示的方式来否认该遗嘱存在的，如果其对口头遗嘱的存在不认可，必须明确地表达出不认可的意思。

对口头遗嘱是否存在应该从严审查。遗嘱涉及的利益重大，而口头遗嘱内容往往不易确定，且容易被遗忘、曲解、误解甚至篡改，故对口头遗嘱存在与否的证明标准也应高于其他遗嘱形式。最高人民法院《关于适用〈中华人民共和国民事诉讼法〉的解释》第109条规定：“当事人对欺诈、胁迫、恶意串通事实的证明，以及对口头遗嘱或者赠与事实的证明，人民法院确信该待证事实存在的可能性能够排除合理怀疑的，应当认定该事实存在。”从该条可以看出，对于口头遗嘱是否存在以及口头遗嘱内容如何的证明，应该达到“排除合理怀疑”的程度。

第10讲　遗产可以只留给个别继承人吗？

一、案例导读

王父和何母离婚后，大女儿高某由何母抚养，二女儿王某由王父抚养。王父生前留有自书遗嘱，将名下单独所有的房屋留给了二女儿王某。大女儿高某不服王父的遗产分配，向法院起诉二女儿，请求按法定继承方式继承王父遗产的一半，并对该遗嘱的真实性提出异议。

法院认为，两个女儿都属于法定第一顺序继承人。在遗嘱合法有效的前提下，遗嘱继承优先于法定继承。该案被继承人王父享有通过订立遗嘱处分自己合法财产的权利，所立的自书遗嘱符合法律规定的有效要件。同时，大女儿高某未能有效举证证明该遗嘱不具有真实性，故该遗嘱合法有效。案涉房屋应当通过遗嘱继承方式由二女儿王某一人继承，大女儿高某无权继承。

该案中，双方当事人的纠纷主要涉及被继承人能否将遗产留给其中一位继承人的问题。那么，我国现行法律对于遗产的处分权究竟是如何规定的？本讲以下内容将围绕这一问题展开。

二、法律知识讲解

（一）遗嘱继承的概念和特征

遗嘱继承，是指继承人按照被继承人生前所立的合法有效的遗嘱进行继承的继承方式。在遗嘱继承中，订立遗嘱的人为遗嘱人，遗嘱指定的继承遗产的人为遗嘱继承人。因遗嘱人在遗嘱中可能指定继承人及其继承的遗产种类、数额等，故遗嘱继承相对于法定继承,又称为指定继承。遗嘱继承制度最大限度地贯彻了意思自治,每个人都有处分自己生前合法财产的自由,这是我们生而为人的共同追求。

遗嘱继承具有以下特征:

第一,遗嘱继承以存在有效遗嘱为前提。有效遗嘱作为当事人自由意志的载体,在遗嘱继承中是必须具备的,立遗嘱人可以决定是否立遗嘱以及遗嘱内容是什么。通常来说,一份遗嘱内容上要包括财产名称、数量、地点、分配方法,指定继承人,保留必要份额等。

第二,遗嘱继承直接体现被继承人的意愿。法定继承体现的是立法者或者说社会一般人的意愿,而遗嘱继承充分尊重被继承人的意愿,按照被继承人的意愿来进行遗产分配,这也是遗嘱自由原则的体现。

第三,遗嘱继承不受法定继承限制。遗嘱继承不会受到法定继承对继承人顺序、遗产分配原则的限制。比如,当事人可以立遗嘱把大部分财产留给没有扶养过他且不属于第一顺序继承人的兄弟姐妹,但这在法定继承中是不可能实现的。

第四,遗嘱继承效力优先于法定继承。一旦有了有效遗嘱,就不存在法定继承适用的空间,必须执行遗嘱。只有在被继承人生前未立遗嘱或者遗嘱无效时,才适用法定继承。当然,一份遗嘱可能部分有效、部分无效,此时有效部分仍适用遗嘱继承,而无效部分滑向法定继承。

(二)遗嘱继承的适用条件

一般认为,遗嘱继承的适用主要有如下3个条件:

第一,须被继承人生前立有合法有效的遗嘱。被继承人生前立有遗嘱且遗嘱合法有效,是适用遗嘱继承的前提。

第二,须遗嘱继承人未丧失继承权,也未放弃继承权。遗嘱继承人会因具有《民法典》第1125条规定的5种法定情形而丧失继承权,也有权明确表示放弃继承。

第三,须没有遗赠扶养协议。4种继承方式中,遗赠扶养协议优先考虑,遗嘱继承或者遗赠次之,法定继承最后补充。

(三)遗嘱自由原则概述

遗嘱自由是自然人生前享有通过订立遗嘱处分自己身后财产的自由权利。遗嘱自由原则是意思自治原则在继承领域的具体表现。之所以这么说,在于以遗嘱自由为基础的遗嘱继承制度比法定继承更能体现被继承人的自由意志。法定继承是立法者的价值判断和选择，常常会带来事与愿违的效果，不能充分保证被继承人、继承人的利益和社会公共利益。遗嘱继承制度弥补了这一不足，能够保证公民财产最大限度地按照公民个人意愿流转。我国《民法典》第 1133 条第 1 款规定，“自然人可以依照本法规定立遗嘱处分个人财产，并可以指定遗嘱执行人”。这表明遗嘱自由原则在立法上得到了确认，被继承人原则上完全可将遗产留给其中一个继承人。

遗嘱自由原则主要体现为如下内容：

第一，当事人可以选择是否立遗嘱来分配自己的财产。当事人可以选择不订立遗嘱，法律不能要求每个人都订立遗嘱。

第二，当事人可以自由确定遗嘱的内容。当事人可以自由决定所要分配的财产名称、数量、地点、分配方法，指定继承人，保留必要份额等。

第三，当事人可以自由选择遗嘱形式。当事人可以选择自书遗嘱，也可以选择录音录像遗嘱、公证遗嘱等。但需要注意的是，法律对口头遗嘱的适用有所限制，即只能在紧急情况下可以选择口头遗嘱。

第四，当事人可以自由变更、撤销所订立的遗嘱。当事人可能提前数年订立好遗嘱，但随着时间推移，其财产分配的想法有所变化。此时，当事人可以选择重新订立遗嘱，新的遗嘱一旦订立完成，前一份遗嘱即告无效。当事人可以订立无数份遗嘱，法律对于订立遗嘱的次数没有限制。在最终处理结果上，以最后的遗嘱为准，此处的最后的遗嘱不能机械理解成实体上最后一份的遗嘱，应该理解为该部分内容的最后的意思表示。举例说明，在先的打印遗嘱内容是把房屋给大儿子，车子给二女儿，存款给三女儿；在中的自书遗嘱内容是把房屋和车子都给大儿子；在后的公证遗嘱内容是把车子给大儿子，房屋给二女儿。那么综合以上 3 份遗嘱后，当事人最终的遗嘱内容应当是车子给大儿子，房屋给二女儿，存款给三女儿，并不是最后一份公证遗嘱没有对存款作出处理，就按法定继承处理。

当然，我国遗嘱自由原则也应当受到一定限制：一是遗嘱不得违反法律、行政法规强制性规定和公序良俗。遗嘱作为一种民事法律行为，当然要受到民事法律行为无效的规制。二是遗嘱应当为缺乏劳动能力又没有生活来源的继承人保留必要的遗产份额。这一限制体现在《民法典》第 1141 条中，该条关于必留份的规定表明：如果遗嘱人没有为缺乏劳动能力又没有生活来源的继承人保留必要的份额，在继承时就会由法院直接从遗产总额中扣减一定的遗产给予这类继承人，剩余的部分继续按照遗嘱中确定的遗产分配规则进行分配。

三、相关法律规定

《民法典》相关规定

第1121条第1款　继承从被继承人死亡时开始。

第1122条第1款　遗产是自然人死亡时遗留的个人合法财产。

第1123条　继承开始后，按照法定继承办理；有遗嘱的，按照遗嘱继承或者遗赠办理；有遗赠扶养协议的，按照协议办理。

第1126条　继承权男女平等。

第1127条　遗产按照下列顺序继承：

(一)第一顺序：配偶、子女、父母；

(二)第二顺序：兄弟姐妹、祖父母、外祖父母。

继承开始后，由第一顺序继承人继承，第二顺序继承人不继承；没有第一顺序继承人继承的，由第二顺序继承人继承。

本编所称子女，包括婚生子女、非婚生子女、养子女和有扶养关系的继子女。

本编所称父母，包括生父母、养父母和有扶养关系的继父母。

本编所称兄弟姐妹，包括同父母的兄弟姐妹、同父异母或者同母异父的兄弟姐妹、养兄弟姐妹、有扶养关系的继兄弟姐妹。

第1130条　同一顺序继承人继承遗产的份额，一般应当均等。

对生活有特殊困难又缺乏劳动能力的继承人，分配遗产时，应当予以照顾。

对被继承人尽了主要扶养义务或者与被继承人共同生活的继承人，分配遗产时，可以多分。

有扶养能力和有扶养条件的继承人，不尽扶养义务的，分配遗产时，应当不分或者少分。

继承人协商同意的，也可以不均等。

第1133条　自然人可以依照本法规定立遗嘱处分个人财产，并可以指定遗嘱执行人。

自然人可以立遗嘱将个人财产指定由法定继承人中的一人或者数人继承。

自然人可以立遗嘱将个人财产赠与国家、集体或者法定继承人以外的组织、个人。

自然人可以依法设立遗嘱信托。

第11讲　老人能否把财产全部赠与保姆？

一、案例导读

刘某与陈某曾为夫妻，双方育有五子。刘某称其妻子陈某在夫妻关系存续期间沉迷麻将，未能照顾好家庭，导致夫妻双方感情不和，并称其妻子陈某一直存在“婚外情”，夫妻感情已彻底破裂、始终处于分居状态。在分居期间，刘某因本人生活需要，于2001年聘请保姆杨某照顾自己的生活起居，此后双方产生感情并同居。2020年刘某向法院起诉离婚，一审法院并未准许刘某与陈某离婚。2021年刘某立下遗嘱，内容为将其旧房拆迁获得的3套房产全部赠与保姆杨某，并在遗嘱立下的第五天再次向法院起诉离婚。一审法院于2022年判决刘某与陈某离婚，陈某不服提起上诉，而在二审期间刘某因病死亡。在刘某死亡后，陈某将旧拆迁房的3套房产进行继承公证，保姆杨某于2023年将陈某告上法庭，要求继承刘某遗嘱中的3套房产。对此遗产纠纷，法院经审理认为，刘某在婚姻关系存续期间与保姆杨某的长期同居行为违背公序良俗，保姆杨某明知刘某有配偶仍与其同居并接受大额夫妻共同财产的赠与，显然无法视其为善意第三人。据此，法院判决刘某作出的遗赠行为属于无效民事法律行为，不予支持保姆杨某请求继承涉案3套房产的诉讼请求。

该案中，双方当事人的纠纷主要涉及被继承人能否将遗产送给非继承人的问题，也即遗赠何时发生法律效力的问题。本讲以下内容将围绕这一问题予以展开。

二、法律知识讲解

（一）遗赠的概念和特征

遗赠，是指自然人以遗嘱方式将个人合法财产的部分或全部赠与国家、集体以及法定继承人以外的人,并在其死后生效的法律行为,属于遗产处理方式中的一种。其中,立遗嘱的人称为遗赠人,依遗嘱接受遗产赠与的人称为受遗赠人。遗赠制度最早可以追溯到罗马法时期,现代世界各国已经普遍把遗赠制度在立法上确认下来,我国从原《继承法》到《民法典》也都对此有所规定。作为民事法律行为,遗赠具有如下法律特征:

第一,遗赠是单方民事法律行为。遗赠人以遗嘱的方式将其个人财产赠送给他人时,不需要征得受遗赠人和其他任何人同意,只需要遗赠人自己一方即可完成。这也是遗赠与赠与的核心区别之一,因为赠与是双方法律行为,双方必须达成合意,否则不会发生赠与效果。举例而言,如果张三想让邻居李四在自己死后得到自己的财产,其可以在不经过李四同意的情况下通过遗嘱直接指定李四为遗产受赠人。但是,如果张三生前想让李四取得自己的财产,就必须经过李四的同意,只有这样赠与合同才能成立。当然,在前述遗赠的情况下,如果李四在张三去世后拒绝接受遗产,则也能产生不按遗赠分配遗产的法律效果,但并不影响遗赠本身有效的结论。

第二,遗赠是无偿民事法律行为。遗赠人给予受遗赠人财产利益往往是无偿、不求回报的。这种财产利益既包括金钱、房产、车船等财产权利,也包括财产义务的免除,如遗嘱上可以写明"遗赠人死后,受遗赠人的钱就不用还了"。

(二)遗赠的生效要件

一般认为,遗赠要能发生效力必须符合如下基本条件:

第一,遗赠人有遗嘱能力。只有完全民事行为能力人才具有遗嘱能力,才可以进行遗赠,无遗嘱能力的无民事行为能力人、限制民事行为能力人不能进行遗赠。

第二,遗嘱内容不得违反法律、行政法规的效力性强制性规定、不得违背公序良俗。遗赠属于民事法律行为,故要想生效,既要符合《民法典》第 143 条规定的民事法律行为生效要件,又要符合《民法典》第 1141 条保留必留份规则。如果继承人中有缺乏劳动能力又没有生活来源的人,遗赠人又没有为其保留必留份,这既违反法律又违背公序良俗,那么涉及必留份部分的遗赠无效。

第三,遗赠人所立的遗嘱符合法律规定的形式。遗嘱为要式法律行为,遗赠人设立的遗嘱必须符合法律规定的形式,不符合法定形式的遗嘱无效,遗赠当然无效。如导读案例中的打印遗嘱,就要求有两个以上的适格见证人在场见证,并且遗赠人和见证人应当在遗嘱每一页签名,注明年、月、日。

第四，遗赠人死亡。遗赠是一种死后生效的民事法律行为，以遗赠人死亡为生效要件。受遗赠人无权在遗赠人死亡前要求执行遗赠。

第五，受遗赠人适格。一方面，受遗赠人应为国家、集体或法定继承人以外的人。另一方面，受遗赠人须于遗赠人死亡时具有民事权利能力。先于遗赠人死亡或者与遗赠人同时死亡的自然人，不能成为受遗赠人，因为其不具有民事权利能力。

第六，受遗赠人未丧失受遗赠权。法律规定当继承人有法定情形时，即丧失继承权。那么受遗赠人也不例外，换句话说，受遗赠人可以类推适用继承人丧失继承权的规定。受遗赠人在接受遗赠时未丧失受遗赠权的，方可以接受遗赠。

所以说，在符合上述条件的情况下，被继承人将遗产全部赠与保姆等非继承人的行为是有效的，符合“遗嘱自由原则”的要求。特别值得注意的是，除法定情形外，被继承人有权在不给继承人留任何遗产的情况下通过遗赠的方式将遗产留给非继承人，而且这与继承人本身是否尽到赡养义务等均无关。本讲导读案例中的法院之所以认定保姆无权取得遗产，关键在于被继承人与保姆存在“婚外情”这一有违“善良风俗”的情况，将遗产留给“情人”的行为是有伤风化的行为，违反了《民法典》所确立的“公序良俗原则”，所以遗嘱应当被认定为无效。当然，上述案例中被继承人与配偶感情一直处于不正常状态，该案判决结果可能会存在较大争议。

三、相关法律规定

（一）《民法典》相关规定

第1123条　继承开始后，按照法定继承办理；有遗嘱的，按照遗嘱继承或者遗赠办理；有遗赠扶养协议的，按照协议办理。

第1124条　继承开始后，继承人放弃继承的，应当在遗产处理前，以书面形式作出放弃继承的表示；没有表示的，视为接受继承。

受遗赠人应当在知道受遗赠后六十日内，作出接受或者放弃受遗赠的表示；到期没有表示的，视为放弃受遗赠。

第1158条　自然人可以与继承人以外的组织或者个人签订遗赠扶养协议。按照协议，该组织或者个人承担该自然人生养死葬的义务，享有受遗赠的权利。

（二）《老年人权益保障法》相关规定

第36条　老年人可以与集体经济组织、基层群众性自治组织、养老机构等组织或者个人签订遗赠扶养协议或者其他扶助协议。

负有扶养义务的组织或者个人按照遗赠扶养协议,承担该老年人生养死葬的义务,享有受遗赠的权利

(三)最高人民法院《关于适用〈中华人民共和国民法典〉继承编的解释(一)》相关规定

第3条　被继承人生前与他人订有遗赠扶养协议,同时又立有遗嘱的,继承开始后,如果遗赠扶养协议与遗嘱没有抵触,遗产分别按协议和遗嘱处理;如果有抵触,按协议处理,与协议抵触的遗嘱全部或者部分无效。

第40条　继承人以外的组织或者个人与自然人签订遗赠扶养协议后,无正当理由不履行,导致协议解除的,不能享有受遗赠的权利,其支付的供养费用一般不予补偿;遗赠人无正当理由不履行,导致协议解除的,则应当偿还继承人以外的组织或者个人已支付的供养费用。

第12讲　丧偶儿媳(女婿)对公婆(岳父母)是否享有继承权?

一、案例导读

马某汉与田某琴系夫妻,共生育子女三人:马某3、马某2、马某华。马某华与陈某系夫妻,马某1系双方之女。马某华于2001年11月5日死亡,马某汉于2002年10月5日死亡。马某汉死亡后,田某琴未再婚,田某琴于2019年2月6日死亡。马公庄房屋与车站东街房屋均登记在马某汉名下,但系马某汉、田某某之夫妻共同财产。马某华生前,马某华、陈某、马某1一家三口与马某汉、田某琴长期共同居住在车站东街房屋。马某华去世后,陈某未再婚,并与马某汉、田某琴夫妇继续共同生活,直至两位被继承人去世。现车站东街房屋由陈某、马某1共同居住。马某3、马某2对马某汉、田某琴尽了赡养义务。马某汉与田某琴去世后,各方因为继承份额产生争议。陈某认为其作为丧偶儿媳对公婆尽到了主要赡养义务,应当作为第一顺序继承人参与遗产分配;马某3、马某2则认为陈某不应作为第一顺序继承人参与遗产分配。

二审法院经审理后认为,马某华去世后,陈某与马某汉、田某琴夫妇共同居住生活,马某汉去世后,陈某继续与田某琴共同居住生活长达近18年,应当认定陈某作为丧偶儿媳对田某琴的合法遗产享有继承权。

该案中,双方当事人的纠纷主要涉及丧偶儿媳(女婿)对公婆(岳父母)是否享有继承权的问题。那么,我国现行法律对于丧偶儿媳(女婿)对公婆(岳父母)是否享有继承权究竟是如何规定的？本讲以下内容将围绕这一问题予以展开。

二、法律知识讲解

(一)丧偶儿媳、女婿是否享有继承权

法定继承是以继承人与被继承人之间的血缘或婚姻关系为前提和依据的,从而维系世代传承的稳定性。儿媳与公婆、女婿与岳父母之间本不具有血缘关系,只具有姻亲关系,故一般而言相互之间不发生法定继承,无论儿媳或女婿丧偶与否,都不能继承公婆或岳父母的遗产。但依据我国现阶段国情,居家养老仍是我国养老的主要方式,而在现实生活中,有一部分儿媳或女婿在配偶去世之后依然尽力地照料公婆或岳父母。为弘扬这种向善的风气,《民法典》特别作出规定,通过赋予对公婆、岳父母尽到主要赡养义务的丧偶儿媳、女婿第一顺序继承权以保障老人老有所养。比如在导读案例中,马某华与陈某为夫妻。马某华生前,马某华、陈某、马某1一家三口与马某汉、田某琴长期共同生活。虽然马某华后因意外不幸去世,但是失去配偶的陈某依然与公婆共同生活,对马某汉与田某琴尽到了主要的赡养义务。因此,根据《民法典》第1129条的规定,陈某可以成为马某汉与田某琴遗产的第一顺序继承人。

(二)赋予丧偶儿媳、女婿继承权的原因

赋予丧偶儿媳、女婿继承权主要有如下原因:首先,赋予尽到主要赡养义务的丧偶儿媳、女婿继承权符合权利义务一致的原则。《民法典》的规定使承担了主要赡养义务的丧偶儿媳、女婿享有继承公婆、岳父母遗产的权利,符合权利义务一致原则,让付出辛劳的儿媳、女婿在财产方面获得相应的回报,既顺乎人情又符合法理。其次,赋予丧偶儿媳、女婿继承权能够鼓励其主动承担赡养公婆或岳父母的义务,使年迈的公婆或岳父母的生活得到照料,从而传承中华民族尊老爱老的优良传统,营造和睦的家庭氛围,弘扬社会主义核心价值观。最后,赋予丧偶儿媳、女婿继承权可以充分发挥家庭的社会职能。目前我国的经济发展水平还不足以负担全体居民的养老支出,所以养老还需要依靠家庭的力量,发挥家庭在养老育幼方面的功能。丧偶儿媳或女婿主动承担照看老人的职责,不仅可以使家庭关系更加和睦融洽,也可以减轻国家的养老负担。

(三)丧偶儿媳、女婿享有继承权的条件

并非所有的丧偶儿媳或女婿都可以当然取得对公婆或岳父母遗产的第一顺序继承权。只有在满足特定的条件时,丧偶儿媳或女婿才能享有第一顺序继承权,具体

如下：

第一，只有丧偶儿媳或者女婿才有可能取得对公婆或岳父母遗产的第一顺序继承权。若儿媳或者女婿的配偶健在，即使其尽到了主要的赡养义务亦不能获得继承权，因为其配偶基于血缘关系对其生父母的遗产享有法定继承权。如果此时再允许尽到主要赡养义务的儿媳或女婿享有第一顺序继承权，显然挤占了其他继承人的继承份额，对其他继承人而言是不公平的。因此，尽到主要赡养义务的儿媳或者女婿必须在丧偶的前提下，才有可能取得对公婆或岳父母遗产的第一顺序继承权。

第二，必须是尽到主要的赡养义务。最高人民法院《关于适用〈中华人民共和国民法典〉继承编的解释(一)》第19条规定，对被继承人生活提供了主要经济来源，或者在劳务等方面给予了主要扶助的，应当认定其尽了主要赡养义务或主要扶养义务。对于是否尽到主要赡养义务，需要进行个案判断，司法实践中往往是采用与其他负有赡养义务的法定继承人进行比较的方式加以认定。尽到主要赡养义务也是丧偶的儿媳、女婿取得第一顺序继承权的先决条件之一，如果根本未尽到赡养义务则不享有继承权，这样的规定于情、于法都无悖。

值得注意的是，丧偶儿媳或女婿是否享有继承权与其是否再婚无关。只要丧偶儿媳或女婿尽到了主要的赡养义务，即使丧偶儿媳或女婿再婚，依然可以取得对公婆、岳父母的第一顺序继承权。

此外，即使丧偶儿媳或女婿取得了对公婆、岳父母的第一顺序继承权，也不意味着失去了对自己生父母遗产的继承权。儿媳或女婿与公婆、岳父母之间成立姻亲关系的同时，不改变其与生父母之间基于血缘关系享有的法定继承权。因此，无论儿媳或女婿能否继承公婆、岳父母的遗产，都不影响他们对生父母遗产的继承权。

三、相关法律规定

(一)《民法典》相关规定

第1129条　丧偶儿媳对公婆，丧偶女婿对岳父母，尽了主要赡养义务的，作为第一顺序继承人。

(二)最高人民法院《关于适用〈中华人民共和国民法典〉继承编的解释(一)》相关规定

第18条　丧偶儿媳对公婆、丧偶女婿对岳父母，无论其是否再婚，依照民法典第一千一百二十九条规定作为第一顺序继承人时，不影响其子女代位继承。

第 19 条　对被继承人生活提供了主要经济来源，或者在劳务等方面给予了主要扶助的，应当认定其尽了主要赡养义务或主要扶养义务。

第13讲　代位继承是什么意思？

一、案例导读

黄某1与顾某甲育有两个孩子，分别为黄某2（2009年8月15日病故）、黄某3。黄某2育有两个孩子，即女儿黄某4、儿子黄某5。顾某甲父母顾某乙、俞某已在顾某甲病故前去世。1986年10月，黄某1与顾某甲共同建造位于南通市海门区悦来镇××村××组××号的房产，并于1998年7月30日登记在黄某1名下，属于黄某1与顾某甲的共同财产。后顾某甲死亡，其中1/2的房产份额属于顾某甲的遗产。黄某4、黄某5与黄某1因就顾某甲遗产继承事宜协商未果，遂诉至法院。另查明，登记在黄某1名下位于南通市海门区悦来镇××村××组××号的房产面积为139.18平方米。目前，黄某1在案涉房屋一楼东侧房间内居住，黄某4、黄某5的母亲张某自2007年4月起在案涉房屋一楼西侧房间内经营食品超市至今。

法院认为，根据我国法律规定，被继承人的子女先于被继承人死亡的，由被继承人子女的直系晚辈血亲代位继承。代位继承人一般只能继承被代位继承人有权继承的遗产份额。该案中，黄某2先于其母亲顾某甲死亡，且顾某甲未留有遗嘱，故黄某2子女即黄某4、黄某5有权代位继承黄某2有权继承的顾某甲的遗产。顾某甲死亡时，其合法继承人为其配偶黄某1、其女儿黄某3、其孙女黄某4、其孙子黄某5。关于黄某1、黄某2主张代位继承的遗产，因只有公民死亡时遗留的个人合法财产才为遗产，所以根据黄某1、黄某3提供的证据和黄某4、黄某5的陈述，顾某甲的遗产为：登记在黄某1名下的位于南通市海门区悦来镇××村××组××号1/2的房产份额。最终法院认定黄某4和黄某5有权代位继承顾某甲遗产中可由其父黄某2继承的部分,即房产的1/3,则二人总共获得案涉房产的1/6份额。

该案中,双方的争议焦点即黄某4和黄某5是否有权代位继承顾某甲遗产中可由其父黄某2继承的部分的问题,也即代位继承问题。那么,我国现行法律对于代位继承制度究竟是如何规定的?本讲以下内容将围绕这一问题予以展开。

二、法律知识讲解

(一)什么是代位继承

根据《民法典》第1128条的规定,所谓代位继承,是指被继承人的子女先于被继承人死亡时,由被继承人子女的直系晚辈血亲代替先死亡的被继承人子女继承被继承人遗产,或者被继承人的兄弟姐妹先于被继承人死亡时,由被继承人的兄弟姐妹的子女代替被继承人的兄弟姐妹继承被继承人遗产的法定继承方式。

就上述第一种情形举例而言,若老甲育有一子小甲,小甲育有一子小小甲,后小甲先于老甲死亡,那么在不存在小甲被剥夺继承权的情况下,小小甲此时就是法律上的"直系晚辈血亲",可在老甲去世后代位继承老甲遗产中属于其父亲小甲的那一部分。就上述第二种情形举例而言,若张三仅有弟弟张四而无其他亲人,张四育有一子张小四,后张四先于张三去世,则在不存在张四的继承权被剥夺的情况下,张小四就是法律上的"被继承人的兄弟姐妹的子女",可在张三去世后代位继承张三遗产中属于其父张四的那一部分。这两种情况的区别在于,在第一种情况下,被继承人的孙子女、外孙子女、曾孙子女、外曾孙子女等都属于这里的"直系晚辈血亲",不受辈数的限制;而第二种情况下则仅局限于兄弟姐妹的子女,兄弟姐妹的"孙子女""外孙子女"不享有此类代位继承权。

在代位继承关系中,我们一般称呼先于被继承人死亡的继承人为被代位继承人(如导读案例中的黄某2),而代替被代位继承人继承的人为代位继承人(导读案例中的黄某4和黄某5)。

(二)代位继承的适用条件

总体而言,代位继承的适用条件可作如下概括:首先,在时间上,被代位继承人必须先于被继承人死亡。其次,被代位继承人只能是被继承人的子女或者兄弟姐妹。再次,代位继承人只能是被继承人的子女的直系晚辈血亲(无辈数限制),或者被继承人兄弟姐妹的子女。最后,被代位继承人须享有继承权,即不存在故意杀害被继承人等情形。代位继承人能够代位继承的份额也只能是被代位继承人若健在时能够继承被继承人的那部分份额。

另外需要注意的是,代位继承只适用于法定继承。若遗嘱继承人先于被继承人死亡,则遗产中的有关部分按照法定继承办理,即遗嘱继承不能适用代位继承制度。

(三)其他需要注意的情况

1. 最高人民法院《关于适用〈中华人民共和国民法典〉继承编的解释(一)》第 15 条规定:“被继承人的养子女、已形成扶养关系的继子女的生子女可以代位继承;被继承人亲生子女的养子女可以代位继承;被继承人养子女的养子女可以代位继承;与被继承人已形成扶养关系的继子女的养子女也可以代位继承。”举个例子,假如在导读案例中,黄某 2 系顾某甲与黄某 1 的养子女或者已经形成抚养关系的继子女,则黄某 4 和黄某 5 作为黄某 2 的生子女仍然可以代位继承。但是前述条文的适用需要排除一种特殊情况:比如在黄某 2 仍是顾某甲与黄某 1 亲生子的情况下,其与前妻离婚以后又与张某结婚,张某与前夫刘某有两个孩子刘某 1 和刘某 2。此时,即使刘某 1、刘某 2 与黄某 2 形成了事实上的抚养关系,也不属于前述条文规定的情形,即被继承人的生子女的已经形成抚养关系的继子女不属于代位继承人的范围。

2. 丧偶儿媳、女婿作为第一顺序继承人时,再婚与否不影响其子女代位继承的权利。比如,一对老夫妇育有一儿一女,女儿留下一子后早逝,女婿平时对老夫妇尽到了主要的赡养义务。此时,女婿可作为老夫妇的第一顺序继承人,且不会影响其子对外祖父母依法享有的代位继承权。换言之,丧偶女婿与其子女的继承权是相互独立的。

3. 若在导读案例中,黄某 2 在生前曾为遗产试图谋杀其母顾某甲而未遂,则根据《民法典》第 1125 条第 1 款第 1 项的规定,其丧失继承权。在这种情况下,黄某 4 和黄某 5 也不能代位继承。

4. 导读案例中的计算问题。需要注意的是,案涉房产须先在黄某 1 与顾某甲二人之间析产后再进行分割,即顾某甲的遗产仅为案涉房产的 1/2 份额。在不存在遗嘱继承且假定黄某 2 仍健在的情况下,顾某甲第一顺位的法定继承人有配偶黄某 1 和子女黄某 2、黄某 3,原则上每人能分得案涉房产中顾某甲遗产部分的 1/3,即案涉房产的 1/6 份额。相应地,黄某 4 和黄某 5 作为代位继承人总共也只能享有其父黄某 2 有权继承的那一部分,即案涉房产的 1/6 份额。另外,导读案例中不存在黄某 4 和黄某 5 缺乏劳动能力又无生活来源的信息,不用考虑对黄某 4 和黄某 5 是否多分的问题。

三、相关法律规定

(一)《民法典》相关规定

第 1128 条　被继承人的子女先于被继承人死亡的,由被继承人的子女的直系晚辈血亲代位继承。

被继承人的兄弟姐妹先于被继承人死亡的,由被继承人的兄弟姐妹的子女代位继承。

代位继承人一般只能继承被代位继承人有权继承的遗产份额。

(二)最高人民法院《关于适用〈中华人民共和国民法典〉继承编的解释(一)》相关规定

第 14 条　被继承人的孙子女、外孙子女、曾孙子女、外曾孙子女都可以代位继承,代位继承人不受辈数的限制。

第 15 条　被继承人的养子女、已形成扶养关系的继子女的生子女可以代位继承;被继承人亲生子女的养子女可以代位继承;被继承人养子女的养子女可以代位继承;与被继承人已形成扶养关系的继子女的养子女也可以代位继承。

第 16 条　代位继承人缺乏劳动能力又没有生活来源,或者对被继承人尽过主要赡养义务的,分配遗产时,可以多分。

第 17 条　继承人丧失继承权的,其晚辈直系血亲不得代位继承。如该代位继承人缺乏劳动能力又没有生活来源,或者对被继承人尽赡养义务较多的,可以适当分给遗产。

第 18 条　丧偶儿媳对公婆、丧偶女婿对岳父母,无论其是否再婚,依照民法典第一千一百二十九条规定作为第一顺序继承人时,不影响其子女代位继承。

第 14 讲　遗赠扶养协议制度是什么意思?

一、案例导读

2011～2012 年，柏某忠(该案被告张某等的父亲)因法律咨询与李某霞相识，并多次到李某霞的工作室，诉说其与妻女关系不和、无人照料等情况，并将其房屋产权证明等交予李某霞，说将来属于他的房产要留给李某霞。自此二人经常在一起吃饭、闲聊。2016 年年初，柏某忠所在某村腾退搬迁。李某霞将工作室后面的一间房屋让给柏某忠居住使用。其间，李某霞给柏某忠做饭，买衣买药，给予照顾。2016 年 12 月 6 日，柏某忠提出将安置房给李某霞，并要求签署一份书面协议。故在见证人见证下，柏某忠和李某霞签署了遗赠扶养协议。后柏某忠将房屋钥匙、证明材料原件及备用的装修钥匙都给了李某霞。2017 年 5 月，李某霞出资将房屋装修完毕，将家具、家电全部购买齐全并入住，但并未继续照顾、看护柏某忠，柏某忠的看病等事宜也一直由其子女负责。2017 年 10 月 23 日柏某忠去世。当日，该案被告张某等非法住进李某霞房屋至今拒不搬出。为维护自身合法权益，李某霞特诉至法院。

法院经审理认为，李某霞与柏某忠签订遗赠扶养协议系二人真实意思表示，且不违反法律法规的强制性规定，故该协议合法有效。李某霞作为扶养人，应当按照约定承担柏某忠生养死葬的义务。现各方当事人均认可李某霞未全程参与、办理柏某忠的全部身后事宜，且李某霞在一审、二审中提交的证据仅能证明其为柏某忠提供生活上的帮助，尚不足以证明其按照遗赠扶养协议的约定，“对遗赠人生活及各方面的照顾，达到善良管理者的标准，与孝顺子女照顾父母的标准相适应”，故根据现有证据，不能认定李某霞已经全面履行了遗赠扶养协议约定的义务。李某霞上诉要求涉案房屋归其居住使用,并要求柏某忠的子女向其返还涉案房屋,无事实和法律依据,法院不予支持。

该案中,双方当事人的纠纷主要涉及遗赠扶养协议的效力问题。那么,我国现行法律对于遗赠扶养协议究竟是如何规定的?本讲以下内容将围绕这一问题予以展开。

二、法律知识讲解

(一)遗赠扶养协议的内涵

所谓遗赠扶养协议,指的是自然人与法定继承人以外的个人或者组织约定由该个人或者组织负责自己的生养死葬,同时在自己死后将全部或部分财产赠与该个人或者组织的协议。老人可通过与他人订立遗赠扶养协议实现与扶养人的互利互助,一方面老人的生养死葬能够得到法律的保障,进而最大限度地保障自己晚年的生活质量,另一方面扶养人也能获得一定的物质报酬。

(二)遗赠扶养协议的生效要件

要想成立一份有效的遗赠扶养协议,必须满足以下几个要件:

第一,从对象上看,遗赠人必须是自然人,而扶养人必须是法定继承人以外的自然人或组织,如保姆、慈善机构、村委会或居委会。也就是说,父亲与儿子之间无法签订遗赠扶养协议,因为儿子本身就是法定继承人,享有继承权。同时,遗赠扶养协议的扶养人不能是国家。

第二,当事人的意思表示必须真实、协商一致,不存在欺诈、胁迫的情形。现实中存在保姆欺骗老人与其订立遗赠扶养协议从而骗取老人财产的案件。在这种案件中,因遗赠扶养协议本身仍属于合同,其他继承人可向法院请求撤销该协议。

第三,遗赠扶养协议不能违反法律的强制性规定和公序良俗。例如,遗赠扶养协议不能将违禁品作为赠与的对象等。

第四,遗赠扶养协议是一种要式法律行为,必须以书面形式作出。这是因为双方达成遗赠扶养协议后,往往履行期限较长,且扶养人在遗赠人死亡后才能取得遗产,若没有书面协议,可能存在死无对证的情形,无法证明双方是否存在真实的遗赠扶养关系。

（三）遗赠扶养协议的法律效果

首先，自遗赠扶养协议生效之日起，如果扶养人按照约定履行了相应的义务，遗赠人就必须在死后将约定的财产所有权转移给扶养人。但需要注意的是，扶养人必须充分地履行生养死葬义务才可能获得约定的财产，如果只是敷衍地提供生活上的帮助，而没有“对遗赠人生活及各方面的照顾，达到善良管理者的标准，与孝顺子女照顾父母的标准相适应”，很可能会同导读案例中的原告一样败诉。

其次，遗赠扶养协议的法律效力优先于法定继承和遗嘱继承。遗赠扶养协议从本质上来说仍然是双务合同，扶养人在享有取得遗产的权利的同时承担遗赠人生养死葬的义务，而法定继承人或者遗嘱继承人、受遗赠人取得遗产是单方的、无偿的，所以在效力上遗赠扶养协议应当优先适用。举个例子，父亲先订立了遗嘱将财产全部留给儿子，又与保姆订立了遗赠扶养协议将房产赠与保姆。那么在父亲去世后，遗产分配时，遗嘱与遗赠扶养协议相抵触的部分将会无效；具体而言，保姆可按约定取得相应的房产，而儿子则可以取得房产之外的其他财产。可能有人会觉得这样一来财产都被外人分走了，自己作为亲生子女反而“颗粒无收”，未免太不公平。但实际上，老人的存款、房产都属于老人自己的财产，其享有处分的自由。即使老人将全部财产赠与一位素未谋面的陌生人或者捐赠给国家，只要查明是其真实的意思表示，法律就应当予以保护。子女应当在老人生前尽力承担赡养义务，努力让老人安度晚年，而不是平时疏于照顾却在分遗产时鸣不平。

最后，遗赠扶养协议一经签订，双方必须认真遵守协议的各项规定，任何一方无正当理由不履行合同义务导致合同解除的，应当承担相应的责任。具体而言，扶养人如果无正当理由不履行生养死葬义务导致协议解除，不但不能享有受遗赠的权利，其支付的供养费用一般也不予补偿；遗赠人如果无正当理由不履行协议导致协议解除，则应当偿还继承人以外的组织或者个人已支付的供养费用。

三、相关法律规定

（一）《民法典》相关规定

第 1123 条　继承开始后，按照法定继承办理；有遗嘱的，按照遗嘱继承或者遗赠办理；有遗赠扶养协议的，按照协议办理。

第 1158 条　自然人可以与继承人以外的组织或者个人签订遗赠扶养协议。按照协议，该组织或者个人承担该自然人生养死葬的义务，享有受遗赠的权利。

（二）《老年人权益保障法》相关规定

第36条 老年人可以与集体经济组织、基层群众性自治组织、养老机构等组织或者个人签订遗赠扶养协议或者其他扶助协议。

负有扶养义务的组织或者个人按照遗赠扶养协议，承担该老年人生养死葬的义务，享有受遗赠的权利。

（三）最高人民法院《关于适用〈中华人民共和国民法典〉继承编的解释（一）》相关规定

第3条 被继承人生前与他人订有遗赠扶养协议，同时又立有遗嘱的，继承开始后，如果遗赠扶养协议与遗嘱没有抵触，遗产分别按协议和遗嘱处理；如果有抵触，按协议处理，与协议抵触的遗嘱全部或者部分无效。

第40条 继承人以外的组织或者个人与自然人签订遗赠扶养协议后，无正当理由不履行，导致协议解除的，不能享有受遗赠的权利，其支付的供养费用一般不予补偿；遗赠人无正当理由不履行，导致协议解除的，则应当偿还继承人以外的组织或者个人已支付的供养费用。

第三部分
劳动用工纠纷处理

第 15 讲　用人单位未签订书面劳动合同有何法律后果?

一、案例导读

甲于 2016 年 6 月到乙公司工作,工资每月 10,000 元,双方未签订书面劳动合同。甲于 2018 年 3 月离开乙公司并随即提起劳动仲裁,仲裁机关作出裁决后,甲不服,向法院提起诉讼。甲要求乙公司给付 2016 年 7 月至 2018 年 3 月,即整个用工期间的双倍工资。乙公司表示双倍工资的计算期限依法最长不能超过 11 个月,且该案中甲于 2018 年 3 月才提起仲裁,其中,2016 年 7 月至 2017 年 2 月双倍工资的请求已超过仲裁时效的 1 年保护期限。所以,甲最多只能主张 2017 年 3 月至 5 月的双倍工资,2017 年 6 月因用工满 1 年两方已自动转为无固定期限劳动合同,所以不能主张双倍工资。

法院经审理认为,甲于 2016 年 6 月到乙公司工作,即与乙公司建立劳动关系,在劳动关系存续期间双方一直未签订书面劳动合同,根据法律规定,乙公司本应支付甲 2016 年 7 月至 2017 年 6 月每月双倍工资。但仲裁时效期间从当事人知道或者应当知道其权利被侵害之日起计算,甲在 2018 年 3 月向劳动争议仲裁委员会申请仲裁时,其要求乙公司给付 2016 年 7 月至 2017 年 3 月双倍工资的请求已超过仲裁时效的 1 年保护期限,只能支持 2017 年 4 月至 5 月的双倍工资主张。

该案中,双方争议的问题主要涉及用人单位未签订书面劳动合同的法律后果以及劳动者追索双倍工资的主张是否会受到仲裁时效的限制的问题。那么,我国现行法律对于用人单位未签订书面劳动合同的法律后果这一问题究竟是如何规定的?本讲以下内容将围绕这一问题予以展开。

二、法律知识讲解

(一)何为劳动合同

劳动合同,是指确认用人单位与劳动者之间的权利义务关系的合同。《劳动合同法》第10条第1款、第2款规定,建立劳动关系,应当订立书面劳动合同。已建立劳动关系,未同时订立书面劳动合同的,应当自用工之日起1个月内订立书面劳动合同。这意味着用人单位若想与劳动者建立劳动关系,应当自用工之日起1个月内与劳动者签订书面劳动合同。用人单位与劳动者签订劳动合同,应当遵循合法、公平、平等自愿、协商一致等原则。劳动合同一般包括用人单位名称、劳动者姓名、劳动合同期限、工作内容和工作地点、工作时间和休息休假、劳动报酬、社会保险等条款。劳动合同一式两份,由用人单位和劳动者各执一份。

签订劳动合同对于用人单位与劳动者而言均具有积极的意义。对于用人单位来说,劳动合同记载了劳动合同期限、与工作相关的内容以及休息休假、劳动报酬等条款,用人单位可以根据劳动合同要求劳动者完成相关的工作内容,服从统一的人事管理,同时依据这些条款为劳动者提供相应的待遇,保障劳动者的基本权利。对于劳动者而言,书面的劳动合同是其与用人单位存在劳动关系的证明,劳动者有权要求用人单位按照劳动合同的承诺提供相应的待遇。一旦劳动者与用人单位就社会保险、劳动报酬等方面发生纠纷,那么劳动合同便是最为直接、关键的证据。

(二)用人单位未签订书面劳动合同的法律后果

根据《劳动合同法》第10条第2款的规定,用人单位只要在用工之日起1个月内与劳动者签订书面劳动合同即可,毕竟每个用人单位都有自己的规章制度和办事流程,法律不可能强制规定用人单位在建立用工关系以后立刻签订书面合同。从实践情况来看,规定1个月的处理期限对用人单位而言比较合理。

但用人单位如果超过1个月没有与劳动者签订书面劳动合同,自第二个月起,每月应当向劳动者支付双倍工资,双倍工资的计算期限最长不得超过11个月。也就是说,劳动者最多可以主张11个月的双倍工资。原因在于,依据《劳动合同法》第14条的规定,用人单位自用工之日起满1年不与劳动者订立书面劳动合同的,视为用人单位与劳动者已订立无固定期限劳动合同。换言之,用人单位与劳动者超过1年未签订书面劳动合同的,双方之间视为订立无固定期限劳动合同。法律通过拟制双方之间成立无固定期限劳动合同的方式，尽快终结双方劳动关系不稳定的局面。因此在导读案例中，甲最多可向乙公司主张从 2016 年 7 月至 2017 年 5 月的双倍工资，2017 年 6 月开始（准确说从工作满 1 年之日开始），法律拟制甲与乙公司订立了无固定期限的劳动合同，甲不得再向乙公司主张双倍工资。

规定双倍工资制度的目的在于督促用人单位尽早与劳动者签订书面劳动合同，保障劳动者权益。所以只有用人单位故意不与劳动者签订书面劳动合同时，劳动者方能主张双倍工资。如果劳动者故意不与用人单位订立书面劳动合同，那么法院不能支持劳动者要求用人单位发放双倍工资的诉讼请求。在某些案件中，劳动者为了获取双倍工资，故意不与用人单位签订书面劳动合同，并且在用人单位催促之下依然拒绝签订，事后又以用人单位未与其签订书面劳动合同为由来主张双倍工资。法院认定用人单位不存在逃避签订劳动合同的主观故意，因此不满足《劳动合同法》的相关规定，最终没有支持劳动者主张双倍工资的请求。

若劳动者想要继续履行劳动合同，可以要求用人单位补签书面劳动合同。若劳动者想要解除劳动合同，应当提前 30 日以书面形式通知用人单位。履行通知义务后，劳动者可以自由离职，用人单位不得以拒绝办理离职证明、拒绝协助转移社会保险等方式阻碍劳动者离职。

（三）劳动者追索双倍工资的主张是否会受到仲裁时效的限制

劳动者追索双倍工资的主张会受到仲裁时效的限制。《劳动争议调解仲裁法》第 27 条第 1 款规定，劳动争议申请仲裁的时效期间为 1 年，仲裁时效期间从当事人知道或者应当知道其权利被侵害之日起计算。因此，劳动者若想追索双倍工资，应当在知道或应当知道用人单位应向自己支付双倍工资之日起 1 年内提起劳动仲裁，否则如果用人单位以超过仲裁时效为由提出抗辩，那么劳动争议仲裁委员会将以超过仲裁时效为由驳回请求。虽然《劳动争议调解仲裁法》第 27 条第 4 款规定，“劳动关系存续期间因拖欠劳动报酬发生争议的，劳动者申请仲裁不受本条第一款规定的仲裁时效期间的限制；但是，劳动关系终止的，应当自劳动关系终止之日起一年内提出”，但是支付双倍工资差额是用人单位因未订立书面劳动合同而产生的法定赔偿责任，其具有惩罚性赔偿金的性质，不属于劳动报酬，因此不适用该款的规定。在导读案例中，甲于 2018 年 3 月提起劳动仲裁，其中要求乙公司给付 2016 年 7 月至 2017 年 3 月双倍工资差额的请求已超过仲裁时效的 1 年保护期限，对于这部分的主张法院无法支持,故只能支持2017年4月至6月双倍工资差额的主张。

三、相关法律规定

(一)《劳动法》相关规定

第79条　劳动争议发生后,当事人可以向本单位劳动争议调解委员会申请调解;调解不成,当事人一方要求仲裁的,可以向劳动争议仲裁委员会申请仲裁。当事人一方也可以直接向劳动争议仲裁委员会申请仲裁。对仲裁裁决不服的,可以向人民法院提起诉讼。

(二)《劳动合同法》相关规定

第10条第1款、第2款　建立劳动关系,应当订立书面劳动合同。

已建立劳动关系,未同时订立书面劳动合同的,应当自用工之日起一个月内订立书面劳动合同。

第14条　无固定期限劳动合同,是指用人单位与劳动者约定无确定终止时间的劳动合同。

……

用人单位自用工之日起满一年不与劳动者订立书面劳动合同的,视为用人单位与劳动者已订立无固定期限劳动合同。

第82条　用人单位自用工之日起超过一个月不满一年未与劳动者订立书面劳动合同的,应当向劳动者每月支付二倍的工资。

用人单位违反本法规定不与劳动者订立无固定期限劳动合同的,自应当订立无固定期限劳动合同之日起向劳动者每月支付二倍的工资。

(三)《劳动争议调解仲裁法》相关规定

第27条　劳动争议申请仲裁的时效期间为一年。仲裁时效期间从当事人知道或者应当知道其权利被侵害之日起计算。

第 16 讲　劳动者被违法辞退时应当如何依法维权？

一、案例导读

陈某于 2015 年 3 月进入 A 公司工作，从事售货员岗位，月工资 2500 元，A 公司为陈某缴纳了社会保险，双方签订了到 2017 年 12 月止的固定期限劳动合同。2015 年 12 月陈某怀孕，为保胎陆续提供医疗证明要求休息。2016 年 3 月 A 公司支付陈某 5000 元违法解除劳动合同赔偿金，辞退陈某。陈某于 2016 年 5 月申请劳动仲裁，要求撤销 A 公司的违法解除劳动合同决定，继续履行劳动合同，并要求赔偿违法解除劳动合同之日至恢复劳动合同履行期间的工资。最终仲裁机关裁决撤销 A 公司解除劳动合同的决定，A 公司应继续履行劳动合同，并赔偿违法解除劳动合同之日至恢复劳动合同履行期间的工资。

该案中，双方争议的焦点主要在于 A 公司的辞退行为是否属于违法行为，以及陈某要求 A 公司继续履行劳动合同是否有法律依据。那么，我国现行法律对于劳动者的辞退问题究竟是如何规定的？本讲以下内容将围绕这一问题予以展开。

二、法律知识讲解

（一）用人单位违法解除劳动合同的认定

用人单位合法解除劳动合同的情形主要有以下 4 种：

其一，用人单位提出与劳动者解除劳动合同并与劳动者协商一致的。

其二，过失性辞退。在此情形下，劳动者存在过失行为，具体有：(1) 在试用期间被证明不符合录用条件的；(2) 严重违反用人单位的规章制度的；(3) 严重失职，营私舞弊,给用人单位造成重大损害的;(4)同时与其他用人单位建立劳动关系,造成严重影响或者拒不改正的;(5)与用人单位订立劳动合同时存在欺诈、胁迫行为的;(6)被依法追究刑事责任的。

其三,无过失性辞退。在此情形下,劳动者并不存在明显过失。具体如下:(1)劳动者患病或者非因工负伤,在规定的医疗期满后不能从事原工作,也不能从事由用人单位另行安排的工作的;(2)劳动者不能胜任工作,经过培训或者调整工作岗位,仍不能胜任工作的;(3)劳动合同订立时所依据的客观情况发生重大变化,致使劳动合同无法履行,经用人单位与劳动者协商,未能就变更劳动合同内容达成协议的。

其四,经济性裁员,是指企业在生产经营发生严重困难、依法重整、客观经济情况产生严重变化或者技术革新转产等情况下,用人单位可以裁减部分职工。但是用人单位应当提前30日向工会或者全体职工说明情况,听取工会或者职工的意见,并向劳动行政部门报告裁减人员方案。

除上述情形之外,用人单位单方解除劳动合同都属于违法解除劳动合同。

(二)用人单位不得解除劳动合同的情形

依据保护劳动者权益的原则,即使具有上述情形,用人单位也不能单方面主张解除劳动合同。根据《劳动合同法》第42条的规定,如劳动者具有下列情形之一的,用人单位不能主张无过失辞退、经济型裁员:(1)从事接触职业病危害作业的劳动者未进行离岗前职业健康检查,或者疑似职业病病人在诊断或者医学观察期间的;(2)在本单位患职业病或者因工负伤并被确认丧失或者部分丧失劳动能力的;(3)患病或者非因工负伤,在规定的医疗期内的;(4)女职工在孕期、产期、哺乳期的;(5)在本单位连续工作满15年,且距法定退休年龄不足5年的;(6)法律、行政法规规定的其他情形。

(三)违法解除劳动合同的法律后果

如果用人单位违法解除劳动合同,劳动者要求继续履行劳动合同,用人单位应当继续履行;如果劳动者不要求继续履行劳动合同或者劳动合同已经无法继续履行,用人单位应当向劳动者支付经济赔偿金。经济赔偿金按照经济补偿金的两倍计算。

此外,若用人单位虽解除劳动合同,但未及时向劳动者送达解除劳动关系证明,导致劳动者无法办理失业保险金,应当赔偿相应损失,即向劳动者支付失业保险金。

(四)用人单位违法解除劳动合同的应对之策

劳动者的合法权益受《劳动合同法》保护，当劳动者的合法权益受到侵害时，劳动者可以采取法律救济手段。当劳动者接到用人单位单方面解除劳动合同的通知后，劳动者可以作出以下应对之策。

劳动者需要判断用人单位是否有符合《劳动合同法》规定的可以与劳动者解除劳动合同的情形。用人单位在单方面主张解除劳动合同时需要有相应的证据，否则用人单位无法合法解除劳动合同。

在确定用人单位违法与劳动者解除劳动合同后，劳动者既可以选择要求用人单位继续履行劳动合同，也可以选择向用人单位主张经济赔偿金。若劳动者要求继续履行劳动合同，用人单位必须继续履行。若劳动者选择不继续履行劳动合同或者劳动合同已经无法继续履行，用人单位应当向劳动者支付经济赔偿金。

若劳动者向用人单位主张经济赔偿金，但用人单位拒绝，劳动者可以选择以下救济途径：第一，和解。这是双方当事人之间通过协商自行解决纠纷的方式。第二，调解。这是当事人向本单位劳动争议调解委员会提出申请，在劳动争议调解委员会的主持下，双方当事人通过协商达成协议的解决纠纷的方式。第三，仲裁与诉讼。和解、调解并非解决劳动纠纷的必经程序，但当事人在向法院提起诉讼前应当先经过劳动仲裁裁决，对仲裁结果不服再向法院提起诉讼。

三、相关法律规定

《劳动合同法》相关规定

第 39 条　劳动者有下列情形之一的，用人单位可以解除劳动合同：

(一)在试用期间被证明不符合录用条件的；

(二)严重违反用人单位的规章制度的；

(三)严重失职，营私舞弊，给用人单位造成重大损害的；

(四)劳动者同时与其他用人单位建立劳动关系，对完成本单位的工作任务造成严重影响，或者经用人单位提出，拒不改正的；

(五)因本法第二十六条第一款第一项规定的情形致使劳动合同无效的；

(六)被依法追究刑事责任的。

第 40 条　有下列情形之一的，用人单位提前三十日以书面形式通知劳动者本人或者额外支付劳动者一个月工资后，可以解除劳动合同：

(一)劳动者患病或者非因工负伤,在规定的医疗期满后不能从事原工作,也不能从事由用人单位另行安排的工作的;

(二)劳动者不能胜任工作,经过培训或者调整工作岗位,仍不能胜任工作的;

(三)劳动合同订立时所依据的客观情况发生重大变化,致使劳动合同无法履行,经用人单位与劳动者协商,未能就变更劳动合同内容达成协议的。

第 41 条第 1 款　有下列情形之一,需要裁减人员二十人以上或者裁减不足二十人但占企业职工总数百分之十以上的,用人单位提前三十日向工会或者全体职工说明情况,听取工会或者职工的意见后,裁减人员方案经向劳动行政部门报告,可以裁减人员:

(一)依照企业破产法规定进行重整的;

(二)生产经营发生严重困难的;

(三)企业转产、重大技术革新或者经营方式调整,经变更劳动合同后,仍需裁减人员的;

(四)其他因劳动合同订立时所依据的客观经济情况发生重大变化,致使劳动合同无法履行的。

第 42 条　劳动者有下列情形之一的,用人单位不得依照本法第四十条、第四十一条的规定解除劳动合同:

(一)从事接触职业病危害作业的劳动者未进行离岗前职业健康检查,或者疑似职业病病人在诊断或者医学观察期间的;

(二)在本单位患职业病或者因工负伤并被确认丧失或者部分丧失劳动能力的;

(三)患病或者非因工负伤,在规定的医疗期内的;

(四)女职工在孕期、产期、哺乳期的;

(五)在本单位连续工作满十五年,且距法定退休年龄不足五年的;

(六)法律、行政法规规定的其他情形。

第 43 条　用人单位单方解除劳动合同,应当事先将理由通知工会。用人单位违反法律、行政法规规定或者劳动合同约定的,工会有权要求用人单位纠正。用人单位应当研究工会的意见,并将处理结果书面通知工会。

第 46 条　有下列情形之一的,用人单位应当向劳动者支付经济补偿:

(一)劳动者依照本法第三十八条规定解除劳动合同的;

（二）用人单位依照本法第三十六条规定向劳动者提出解除劳动合同并与劳动者协商一致解除劳动合同的；

（三）用人单位依照本法第四十条规定解除劳动合同的；

（四）用人单位依照本法第四十一条第一款规定解除劳动合同的；

（五）除用人单位维持或者提高劳动合同约定条件续订劳动合同，劳动者不同意续订的情形外，依照本法第四十四条第一项规定终止固定期限劳动合同的；

（六）依照本法第四十四条第四项、第五项规定终止劳动合同的；

（七）法律、行政法规规定的其他情形。

第 47 条　经济补偿按劳动者在本单位工作的年限，每满一年支付一个月工资的标准向劳动者支付。六个月以上不满一年的，按一年计算；不满六个月的，向劳动者支付半个月工资的经济补偿。

劳动者月工资高于用人单位所在直辖市、设区的市级人民政府公布的本地区上年度职工月平均工资三倍的，向其支付经济补偿的标准按职工月平均工资三倍的数额支付，向其支付经济补偿的年限最高不超过十二年。

本条所称月工资是指劳动者在劳动合同解除或者终止前十二个月的平均工资。

第 48 条　用人单位违反本法规定解除或者终止劳动合同，劳动者要求继续履行劳动合同的，用人单位应当继续履行；劳动者不要求继续履行劳动合同或者劳动合同已经不能继续履行的，用人单位应当依照本法第八十七条规定支付赔偿金。

第 87 条　用人单位违反本法规定解除或者终止劳动合同的，应当依照本法第四十七条规定的经济补偿标准的二倍向劳动者支付赔偿金。

第 17 讲　农民工在工作中受伤能否享受工伤保险待遇?

一、案例导读

某联公司通过公开竞标方式承包了一项建筑工程,并将钢筋施工业务分包给自然人孔某民。农民工曹某清前往孔某民处从事钢筋工作。2015 年 12 月 29 日 7 时许,曹某清驾驶二轮摩托车行驶至某市某路段,与一辆小型轿车发生交通事故,曹某清经医院抢救无效当场死亡,某市公安局交通事故处理大队认定曹某清负事故的次要责任。某市人力资源和社会保障局认定曹某清为工亡,并出具了工伤认定决定书。某联公司认为自己与曹某清之间没有签订劳动合同,不存在劳动关系,且曹某清在上班途中发生事故,并非在工作时间、基于工作原因伤亡,不应认定为工伤。由此,某联公司主张撤销某市人力资源和社会保障局作出的工伤认定书,提起了行政诉讼。

二审法院经审理后认为,现有证据充分证明了交通事故发生在曹某清上班的途中,且根据相关规定,具备用工主体资格的用人单位将工程发包给不具备用工主体资格的自然人,该自然人招用的劳动者发生事故伤害,劳动者提出工伤认定申请的,由具备用工主体资格的发包方承担用人单位依法应当承担的工伤保险责任。最终二审法院裁定驳回上诉,不予支持某联公司撤销工伤认定决定的主张。

该案中,双方当事人的纠纷主要涉及农民工在工作中受伤能否享受工伤保险待遇这一问题。那么,我国现行法律对农民工在工作中受伤能否享受工伤保险待遇这一问题究竟是如何规定的?本讲以下内容将围绕这一问题予以展开。

二、法律知识讲解

（一）农民工与用人单位之间劳动关系的证明问题

对于农民工工伤纠纷，司法实务中存在“农民工与用人单位之间是否存在劳动关系难以证明”的困境。具体而言，《工伤保险条例》明确规定：与用人单位之间存在劳动关系是工伤认定的必要条件之一。由此可见，存在劳动关系是认定工伤的先决条件。但部分农民工在就业中，往往因为法律意识淡薄，或者用人单位刻意逃避责任，而未与用人单位签订劳动合同，或者签订了排除双方劳动关系的合同（如名为承揽合同实为劳动合同、名为合作合同实为劳动合同）。此外，农民工用工中大量存在以现金结付工资的情形，且往往不需要打卡上班。在这样的用工状况下，农民工在证明自己与用人单位之间形成劳动关系的过程中，往往缺少劳动合同、工资记录、打卡记录等关键性证据，导致两者之间的劳动关系认定失败，进而在认定工伤时因为不满足认定条件而失败。对此，实践中应当从如下方面解决问题，化解纠纷：

其一，贯彻“抓前端、治未病”司法理念，作好诉源治理工作，从用工关系建立阶段减少纠纷的发生。一方面，做好农民工普法工作，指导农民工在参与劳动前与用人单位明确用工性质；另一方面，压实用工责任，敦促用人单位与农民工签订劳动合同或者包含工伤处理方式的用工协议。此外，还应当敦促用人单位落实《安全生产法》等相关法律规范，做好用工岗前培训，从根源上减少农民工工伤纠纷的发生。

其二，贯彻保护农民工等社会弱势群体的理念，敦促用人单位为农民工购买工伤保险。2013 年 4 月 28 日，习近平总书记曾在同全国劳动模范代表座谈时的讲话中指出：“要坚持社会公平正义，排除阻碍劳动者参与发展、分享发展成果的障碍，努力让劳动者实现体面劳动、全面发展。”事实上，早在 2004 年，劳动和社会保障部就曾发布《关于农民工参加工伤保险有关问题的通知》，强调“各级劳动保障部门要统一思想，提高认识，高度重视农民工工伤保险权益维护工作”。但是，由于劳动者与用人单位之间并不具有平等的主体地位，劳动者尤其是农民工的谈判能力、法律意识与用人单位相比均处于较弱势的地位，因此实践中出现了用人单位逃避为农民工购买工伤保险的情形。对此，基层干部应当敦促用人单位及时为农民工购买工伤保险。

其三，适度突破以劳动关系认定工伤的前提性限制。目前，司法实务大多囿于劳动关系认定与工伤认定的捆绑，认定工伤必须以成立劳动关系为前提，导致本应认定为工伤的案件因劳动者与用人单位之间未成立劳动关系而无法认定。因此，理论界有学者指出，劳动关系认定与工伤认定应保持适当距离，按照各自对应的标准进行具体认定，从而彻底解决工伤纠纷问题。实务界有法院持相同立场：有的法院明确支持劳动关系认定与工伤认定的解绑，认为是否形成劳动关系并不影响劳动者依法享受相关工伤保险待遇；有的法院以默认的态度间接支持了此观点——直接认定为工伤，并未纠结劳动关系的判断。人力资源和社会保障部《关于执行〈工伤保险条例〉若干问题的意见（二）》第 2 条第 2 款规定，已按项目参保的方式缴纳工伤保险费的超过法定退休年龄的劳动者适用工伤保险。这也是对劳动关系认定与工伤认定捆绑的突破，即对于项目参保的劳动者，无所谓其劳动关系或者劳务关系，在工作中所受伤害均可认定为工伤。

（二）违法转包情形下农民工工伤纠纷的处理

在导读案例中，建设工程施工单位违法转包部分劳务工作给不具有用工资质的自然人包工头，从而让自然人包工头组织农民工进行施工。在这种情形下，如果农民工在工作中受伤的，此时农民工可否主张建设工程施工单位承担工伤保险责任，这一直是理论界和实务界讨论的热点，因为一般而言自然人包工头承担责任的能力较弱。

2014 年，为了维护农民工的合法权益，解决违法转包情形下规范适用混乱的问题，最高人民法院曾出台相关规定，对该情形下工人受伤如何救济的问题进行规制。最高人民法院《关于审理工伤保险行政案件若干问题的规定》第 3 条第 1 款第 4 项规定，“用工单位违反法律、法规规定将承包业务转包给不具备用工主体资格的组织或者自然人，该组织或者自然人聘用的职工从事承包业务时因工伤亡的，用工单位为承担工伤保险责任的单位”。

值得注意的是，《工伤保险条例》的适用前提条件在于用工关系的界定，但最高人民法院《关于审理工伤保险行政案件若干问题的规定》第 3 条第 1 款第 4 项实际上跳过了用工关系界定这一前提条件，直接规定在违法分包情形下，施工单位直接对劳动者承担工伤保险责任。这实际上体现出了劳动关系认定与工伤认定解绑的倾向。

综上所述，建设工程施工单位违法转包部分劳务工作给自然人，自然人包工头组织工人进行施工，工人在工作中受伤的，应当适用最高人民法院《关于审理工伤保险行政案件若干问题的规定》第 3 条第 1 款第 4 项的规定，由施工单位承担工伤保险责任，且无须以劳动关系的认定作为前提条件。所以说，某联公司与农民工曹某清之间没有签订书面劳动合同、不存在人身支配和管理关系，某联公司也没有定期发放工资给曹某清，曹某清和某联公司之间不存在劳动关系而仅存在劳务关系，本身并不能申请工伤认定。但是，人力资源和社会保障部《关于执行〈工伤保险条例〉若干问题的意见》已经将该案的情形纳入了工伤保险的范围之中。该意见第 7 条规定，具备用工主体资格的承包单位将承包业务违法分包给不具备用工主体资格的自然人，该自然人招用的劳动者从事承包业务时因工伤亡的，由该具备用工主体资格的承包单位承担用人单位依法应当承担的工伤保险责任。所以，在导读案例中，在某联公司将承包业务违法分包给自然人孔某民，孔某民又招募曹某清完成工作的情况下，仍然认定某联公司应承担用人单位应当承担的工伤保险责任，体现了在建设工程领域对劳动者利益的维护，具有良好的效果。

（三）超龄农民工工伤纠纷的处理

对于农民工群体来说，其并未自主缴纳或者由单位代为缴纳养老保险，不存在领取养老金的可能性，故农民工不适用退休制度，更无所谓何时退休。就超龄就业的农民工是否适用工伤这一问题，司法实务中处理意见并不统一。有案例认为，《劳动法》仅仅对于从事劳动的最低年龄作了限制，而对于超龄就业并没有作禁止性规定。而且《工伤保险条例》并未将超龄就业人员排除在工伤认定之外，即使是超过法定退休年龄的农民工的工伤纠纷，仍旧属于《工伤保险条例》调整的法律范畴。也有案例认为，超过法定退休年龄的农民工工伤纠纷不属于劳动法调控范围，不应当适用《工伤保险条例》进行工伤认定。根据最高人民法院的立场，用人单位聘用的农民工在工作时间内、基于工作原因伤亡的，应当适用《工伤保险条例》的有关规定进行工伤认定。上述裁判立场使处于弱势的农民工利益得到一定程度的保护，无疑是值得肯定的。但对于农民工工伤的认定，仍需厘清以下几个方面：

其一，是否在农民工工作时间内、基于工作原因伤亡的，都可以基于最高人民法院行政审判庭《关于超过法定退休年龄的进城务工农民因工伤亡的，应否适用〈工伤保险条例〉请示的答复》（以下简称《答复》）的精神一概认定为工伤，而不用考虑是何种用工关系呢？实践中，有案例便在认定农民工与用人单位之间成立劳务关系的前提下对《答复》进行了适用。应当注意，唯有农民工与用人单位之间成立劳动关系，才能根据《答复》适用《工伤保险条例》进行工伤认定，如若成立劳务关系，则不能进行工伤认定。其二，《答复》仅规定了超过法定退休年龄的农民工因工伤亡可以进入工伤认定程序，最终是否认定为工伤仍需社会保险行政部门作出工伤认定决定，而非超过法定退休年龄的农民工一旦受伤即认定为工伤。其三，劳动关系的存在为事实认定层面的问题，而并非以逻辑倒推出来的认定。在此问题上，《答复》是对超过法定退休年龄的农民工权益的特殊保护，但不能就此推定超过法定退休年龄的农民工与用人单位之间系劳动关系。

综上所述，在我国老龄化加剧、老年人灵活就业现象普遍的当下，对于超龄劳动者与用人单位之间的劳动关系的认定不能采取“一刀切”的做法，应当允许和鼓励低龄老年人参与社会发展，并提供相应的法律保障。

三、相关法律规定

（一）《劳动法》相关规定

第72条　社会保险基金按照保险类型确定资金来源，逐步实行社会统筹。用人单位和劳动者必须依法参加社会保险，缴纳社会保险费。

第73条　劳动者在下列情形下，依法享受社会保险待遇：

（一）退休；

（二）患病、负伤；

（三）因工伤残或者患职业病；

（四）失业；

（五）生育。

劳动者死亡后，其遗属依法享受遗属津贴。

劳动者享受社会保险待遇的条件和标准由法律、法规规定。

劳动者享受的社会保险金必须按时足额支付。

（二）《民法典》相关规定

第791条第3款　禁止承包人将工程分包给不具备相应资质条件的单位。禁止分包单位将其承包的工程再分包。建设工程主体结构的施工必须由承包人自行完成。

第1192条　……提供劳务一方因劳务受到损害的，根据双方各自的过错承担相应的责任。

提供劳务期间，因第三人的行为造成提供劳务一方损害的，提供劳务一方有权请求第三人承担侵权责任，也有权请求接受劳务一方给予补偿。接受劳务一方补偿后，可以向第三人追偿。

(三)《工伤保险条例》相关规定

第 14 条　职工有下列情形之一的,应当认定为工伤:

(一)在工作时间和工作场所内,因工作原因受到事故伤害的;

(二)工作时间前后在工作场所内,从事与工作有关的预备性或者收尾性工作受到事故伤害的;

(三)在工作时间和工作场所内,因履行工作职责受到暴力等意外伤害的;

(四)患职业病的;

(五)因工外出期间,由于工作原因受到伤害或者发生事故下落不明的;

(六)在上下班途中,受到非本人主要责任的交通事故或者城市轨道交通、客运轮渡、火车事故伤害的;

(七)法律、行政法规规定应当认定为工伤的其他情形。

第 39 条第 1 款　职工因工死亡,其近亲属按照下列规定从工伤保险基金领取丧葬补助金、供养亲属抚恤金和一次性工亡补助金:

(一)丧葬补助金为 6 个月的统筹地区上年度职工月平均工资;

(二)供养亲属抚恤金按照职工本人工资的一定比例发给由因工死亡职工生前提供主要生活来源、无劳动能力的亲属。标准为:配偶每月 40%,其他亲属每人每月 30%,孤寡老人或者孤儿每人每月在上述标准的基础上增加 10%。核定的各供养亲属的抚恤金之和不应高于因工死亡职工生前的工资。供养亲属的具体范围由国务院社会保险行政部门规定;

(三)一次性工亡补助金标准为上一年度全国城镇居民人均可支配收入的 20 倍。

(四)人力资源和社会保障部《关于执行〈工伤保险条例〉若干问题的意见》相关规定

七、具备用工主体资格的承包单位违反法律、法规规定,将承包业务转包、分包给不具备用工主体资格的组织或者自然人,该组织或者自然人招用的劳动者从事承包业务时因工伤亡的,由该具备用工主体资格的承包单位承担用人单位依法应承担的工伤保险责任。

(五)最高人民法院《关于审理工伤保险行政案件若干问题的规定》相关规定

第 3 条　社会保险行政部门认定下列单位为承担工伤保险责任单位的,人民法院应予支持：

（一）职工与两个或两个以上单位建立劳动关系，工伤事故发生时，职工为之工作的单位为承担工伤保险责任的单位；

（二）劳务派遣单位派遣的职工在用工单位工作期间因工伤亡的，派遣单位为承担工伤保险责任的单位；

（三）单位指派到其他单位工作的职工因工伤亡的，指派单位为承担工伤保险责任的单位；

（四）用工单位违反法律、法规规定将承包业务转包给不具备用工主体资格的组织或者自然人，该组织或者自然人聘用的职工从事承包业务时因工伤亡的，用工单位为承担工伤保险责任的单位；

（五）个人挂靠其他单位对外经营，其聘用的人员因工伤亡的，被挂靠单位为承担工伤保险责任的单位。

前款第（四）、（五）项明确的承担工伤保险责任的单位承担赔偿责任或者社会保险经办机构从工伤保险基金支付工伤保险待遇后，有权向相关组织、单位和个人追偿。

第18讲　未签订劳动合同的情形下，如何判断劳动关系是否成立？

一、案例导读

2017年11月29日，李某霞与漫某公司签订《艺人独家合作协议》，约定：李某霞成为漫某公司的独家签约艺人，漫某公司作为经纪公司为李某霞提供才艺演艺互动平台、推荐优质资源，李某霞在漫某公司的合作互动平台上进行才艺表演从而获得相关收入。合作期间，漫某公司有权自主组织、协调和安排该协议中的上述活动及事务，李某霞保证全面服从漫某公司安排，李某霞在漫某公司指派直播平台总和每月直播有效天数不低于25天且总有效时长不低于150小时。在满足有效天数和有效时长的前提下，漫某公司每月支付李某霞2000元保底工资；不满足时长则当月保底工资取消，只有提成；如违反平台相关条例，则取消当月保底工资及奖励。2018年4月27日，李某霞向某区劳动人事争议仲裁委员会申请仲裁。由于该仲裁委员会逾期未作出受理决定，故李某霞诉至法院，请求确认双方在2017年11月2日至2018年3月31日存在劳动关系，并要求漫某公司向其支付双倍工资、欠付工资和经济补偿金。漫某公司辩称双方签订的是合作协议，李某霞的主播收入是网友的打赏、礼物，李某霞的直播行为不受其管理，因此，双方不存在劳动关系。

一审法院认为，在用人单位招用劳动者未订立书面劳动合同的情形下，对于双方是否成立劳动关系，主要从以下三个方面进行综合判断：(1)用人单位和劳动者是否符合法律、法规规定的主体资格。(2)用人单位依法制定的各项劳动规章制度是否适用于劳动者,劳动者是否受用人单位的劳动管理,从事用人单位安排的有报酬的劳动。(3)劳动者提供的劳动是否属于用人单位业务的组成部分。从双方签订的《艺人独家合作协议》来看,该协议约定的目的和背景、合作内容、收入及结算均不具有劳动合同必备条款的性质,不应视为双方之间具有劳动关系。二审法院认为,首先,从管理方式上看,被上诉人漫某公司没有对上诉人李某霞进行劳动管理。其次,从收入分配上看,被上诉人漫某公司没有向上诉人李某霞支付劳动报酬。最后,从工作内容上看,上诉人李某霞从事的网络直播活动并非被上诉人漫某公司业务的组成部分。因此,上诉人李某霞与被上诉人漫某公司之间不符合劳动关系的法律特征,双方不成立劳动关系。

该案中,双方纠纷主要涉及没有签订劳动合同时如何认定劳动关系的问题。那么,我国现行法律对于劳动关系的认定问题究竟是如何规定的?本讲以下内容将围绕这一问题予以展开。

二、法律知识讲解

(一)劳动关系的概念和特征

劳动关系,是指用人单位与劳动者之间的管理与被管理关系。劳动关系中,用人单位与劳动者的地位并不平等,用人单位可以对劳动者进行人身支配,劳动者需要服从用人单位的规章制度和用工管理。劳动关系不仅指劳动者与用人单位之间的财产关系,也兼具人身关系的属性,这是劳动关系与其他民事法律关系的重要区别。

(二)劳动合同的认定

劳动合同是确认用人单位与劳动者之间权利义务关系的合同。若想要建立劳动关系,用人单位应当及时与劳动者签订书面劳动合同。用人单位与劳动者签订劳动合同,应当遵循合法、公平、平等自愿、协商一致等原则。劳动合同一般包括用人单位名称、劳动者姓名、劳动合同期限、工作内容和工作地点、工作时间和休息休假、劳动报酬、社会保险等条款。劳动合同一式两份,由用人单位和劳动者各执一份。

随着经济社会的发展,许多新形式的合同涌现。用人单位在与劳动者签订合同时不再使用“劳动合同”作为标题,而是改为“合作协议”。此时,就需要精准识别合作协议究竟是劳动合同还是普通的民事合同,不能仅凭合同名称认定合同性质,而应当依据合同所规定的权利义务安排具体分析。劳动合同的成立并不需要具备前文所述的全部条款,只要具备用人单位名称、劳动者姓名、工作内容、劳动报酬等事项,就可以认定成立书面劳动合同。若将合作协议认定为劳动合同，则用人单位与劳动者之间存在劳动关系，用人单位无须向劳动者支付双倍工资。但有时，合作协议与劳动合同相差甚远，不能将合作协议认定为劳动合同，只能视为双方未签订劳动合同。此时的争议焦点就在于用人单位和劳动者未签订劳动合同的情形下如何判断双方是否成立劳动关系。

（三）劳动关系的认定

若未签订劳动合同，但满足一定条件，则依然可以认定用人单位与劳动者之间存在事实上的劳动关系。根据原劳动和社会保障部《关于确立劳动关系有关事项的通知》（劳社部发〔2005〕12 号）第 1 条的规定，用人单位招用劳动者未订立书面劳动合同，但同时具备如下 3 个条件的，劳动关系成立：用人单位和劳动者符合法律、法规规定的主体资格；用人单位依法制定的各项劳动规章制度适用于劳动者，劳动者受用人单位的劳动管理，从事用人单位安排的有报酬的劳动（“劳动者与用人单位之间存在管理与被管理的关系”）；劳动者提供的劳动是用人单位业务的组成部分。下面逐一进行分析。

1. 用人单位和劳动者符合法律、法规规定的主体资格

依据《劳动法》和《劳动合同法》的规定，用人单位，是指企业、个体经济组织、民办非企业单位、国家机关、事业单位、社会团体等组织。劳动者指具有劳动能力，服从用人单位的管理，付出劳动以获得报酬的自然人。如用工方为自然人，则用工方与受雇者之间构成劳务关系，而非劳动关系。在实践中，有部分公司要求劳动者注册个体工商户，再与该个体工商户签订协议，以规避签订劳动合同所应履行的义务，如按时支付工资、为劳动者缴纳社会保险、为劳动者提供福利待遇、承担工伤赔偿责任等。最高人民法院曾发布指导案例，明确制止企业“去劳动关系化”逃避用工责任。劳动者虽注册为个体工商户，并以个体工商户名义与用人单位签订合同，但是考察用工事实，若劳动者对用人单位存在人身依附关系，双方未作为平等主体开展民事活动，就应当认定存在劳动关系。

2. 劳动者与用人单位之间存在管理与被管理的关系

该要件是认定劳动关系的关键。在司法实践中，法院往往结合多个因素判断劳动者与用人单位之间是否存在管理与被管理的关系，如工作时间与工作方式、劳动者收入构成、劳动成果的归属、管理事项是否与劳动者协商等。若存在下列情况，则法

院倾向否认劳动关系的存在,因为企业与劳动者并未形成管理与被管理的隶属关系:劳动者可以自主选择劳动时间和劳动地点,不受用人单位的考勤打卡和奖惩机制约束;主要收入部分并非用人单位的基础工资,而取决于直播打赏、股份比例等其他因素;劳动成果并非直接归用人单位所有,而是用人单位与劳动者协商或分成;用人单位对劳动者实施的管理依据双方自由协商而确定,不直接适用用人单位统一的规章制度。

判断用人单位与劳动者之间是否存在管理与被管理关系,还可以从人格从属性和经济从属性方面理解。人格从属性主要分为劳动者亲自提供劳动、用人单位制定统一规章制度管理劳动者、用人单位为劳动者提供劳动工具和劳动材料等方面;经济从属性主要分为劳动者经济收入主要源于用人单位发放的工资、劳动者工作具有连续性、劳动者不承担企业经营风险等方面。

3. 劳动者提供的劳动是用人单位业务的组成部分

该要件是指劳动者提供的劳动须与用人单位的经营范围相关。以游泳馆工作人员请人维修设备器材为例,游泳馆的经营范围主要包括游泳场所提供、游泳培训、健身服务、体育运动器材销售等,不包括维修服务,维修工人与游泳馆之间自然无法形成劳动关系。若用人单位临时招募人员完成某项工作,且该工作并非用人单位业务组成部分,只是为用人单位的经营提供便利,就应当以劳务关系或承揽关系定性,不宜认定为劳动关系。用人单位业务经营范围以营业执照记载为准。

(四)认定存在劳动关系的证据

劳动合同是认定劳动关系的重要证据。若用人单位和劳动者没有订立书面劳动合同,依据原劳动和社会保障部《关于确立劳动关系有关事项的通知》,认定劳动关系是否成立,可以审查工资支付凭证或记录(职工工资发放花名册)、缴纳各项社会保险费的记录,用人单位向劳动者发放的工作证、服务证等能够证明身份的证件,劳动者填写的用人单位招工招聘登记表、报名表等招用记录,考勤记录,其他劳动者的证言等。若相关证据由用人单位保管,应当由用人单位承担举证责任。

三、相关法律规定

(一)《劳动法》相关规定

第 2 条　在中华人民共和国境内的企业、个体经济组织(以下统称用人单位)和与之形成劳动关系的劳动者,适用本法。

国家机关、事业组织、社会团体和与之建立劳动合同关系的劳动者，依照本法执行。

第 16 条　劳动合同是劳动者与用人单位确立劳动关系、明确双方权利和义务的协议。

建立劳动关系应当订立劳动合同。

（二）《劳动合同法》相关规定

第 2 条　中华人民共和国境内的企业、个体经济组织、民办非企业单位等组织（以下称用人单位）与劳动者建立劳动关系，订立、履行、变更、解除或者终止劳动合同，适用本法。

国家机关、事业单位、社会团体和与其建立劳动关系的劳动者，订立、履行、变更、解除或者终止劳动合同，依照本法执行。

第 7 条　用人单位自用工之日起即与劳动者建立劳动关系。用人单位应当建立职工名册备查。

第 10 条　建立劳动关系，应当订立书面劳动合同。

已建立劳动关系，未同时订立书面劳动合同的，应当自用工之日起一个月内订立书面劳动合同。

用人单位与劳动者在用工前订立劳动合同的，劳动关系自用工之日起建立。

（三）原劳动和社会保障部《关于确立劳动关系有关事项的通知》相关规定

一、用人单位招用劳动者未订立书面劳动合同，但同时具备下列情形的，劳动关系成立。

（一）用人单位和劳动者符合法律、法规规定的主体资格；

（二）用人单位依法制定的各项劳动规章制度适用于劳动者，劳动者受用人单位的劳动管理，从事用人单位安排的有报酬的劳动；

（三）劳动者提供的劳动是用人单位业务的组成部分。

二、用人单位未与劳动者签订劳动合同，认定双方存在劳动关系时可参照下列凭证：

（一）工资支付凭证或记录（职工工资发放花名册）、缴纳各项社会保险费的记录；

（二）用人单位向劳动者发放的“工作证”、“服务证”等能够证明身份的证件；

(三)劳动者填写的用人单位招工招聘“登记表”、“报名表”等招用记录;

(四)考勤记录;

(五)其他劳动者的证言等。

其中,(一)、(三)、(四)项的有关凭证由用人单位负举证责任。

第19讲　已达法定退休年龄人员与用人单位之间可以订立劳动关系吗？

一、案例导读

陈某某于2012年1月3日开始在广州市某清洁服务有限公司上班，双方订有劳动合同，但该公司未依法为陈某某购买社会保险。陈某某于2015年10月17日年满50周岁，达到法定退休年龄。2015年10月17日至2016年7月31日，陈某某继续向广州市某清洁服务有限公司提供劳动，该公司也没有提出解除劳动合同，仍继续向陈某某支付劳动报酬。2016年7月31日，陈某某收到广州市某清洁服务有限公司要求解除用工关系的口头通知，并自2016年8月1日起停止向该公司提供劳动。后陈某某诉至法院，要求确认双方劳动关系存续期间为2012年1月3日至2016年7月31日，并要求广州市某清洁服务有限公司支付经济补偿金。

法院认为，无论已达法定退休年龄的人员是否享受基本养老保险待遇，都应认定其与用人单位之间成立劳务关系而非劳动关系。我国劳动法律法规的实施，具有多项制度相互配套、体系化实施的特点。对于已达法定退休年龄人员能否建立劳动关系，虽然《劳动法》以及《劳动合同法》均无明确规定，但是在劳动法律法规的实施中，相关行政法规及规章却并未将已达法定退休年龄人员纳入劳动关系的保障范围。

对于已达法定退休年龄人员务工纠纷作出司法裁判，不能与现行劳动法律、行政法规相冲突，没有足够理由也不能改变调整养老保险等劳动保障关系的现行规章规定。如认定已达法定退休年龄人员可以与用人单位建立劳动关系,则由于已达法定退休年龄人员不符合我国关于缴纳“五险一金”等相关规定的条件,用工单位将面临司法裁判确立的义务难以履行的困境,容易激化社会矛盾,对法治规则的内部统一也将产生冲击。司法裁判具有被动性与自制性,司法权能具有有限性,司法人员不能超出自身中立裁判者的角色范围,主动调整社会纠纷,大范围创制和改变政策。在现行劳动法律、行政法规及规章等规范未赋予已达法定退休年龄劳动者相应保护措施的前提下,司法人员直接作出劳动关系认定,可能与相关制度发生冲突。

该案中,双方纠纷主要涉及已达法定退休年龄人员与用人单位之间能否成立劳动关系的问题。那么,我国现行法律对于已达法定退休年龄人员与用人单位之间能否成立劳动关系这一问题究竟是如何规定的?本讲以下内容将围绕这一问题予以展开。

二、法律知识讲解

(一)法定退休年龄

依据国务院《关于安置老弱病残干部的暂行办法》的相关规定,在一般情况下,对于干部,男性年满60周岁,女性年满55周岁的,都可以退休。而依据国务院《关于工人退休、退职的暂行办法》的相关规定,对于企业或事业单位的工人,一般而言,男性年满60周岁,女性年满50周岁,且连续工龄满10年的,也应该退休。由此可知,对于男性,无论其为干部还是工人,法定退休年龄均为60周岁。对于女性,女干部法定退休年龄为55周岁,女工人法定退休年龄为50周岁。因此,有必要区分干部和工人两种职位。

关于如何区分干部和工人,首先,人才档案会标注劳动者身份。其次,工人的工资待遇低于干部,在同样的工作岗位上付出同样的劳动时,一般会优先考虑提拔干部。现今广泛实行劳动合同制,干部和工人的身份界限已较模糊,工人可以转化为干部。一般而言,在企业里担任管理人员的即为干部,担任其他人员的为工人。

(二)劳动关系和劳务关系的区分

从主体上看,劳动关系是用人单位与劳动者之间的管理与被管理关系,而劳务关系是平等主体之间的权利义务关系;从法律适用上看,劳动关系适用《劳动法》《劳动合同法》,而劳务关系适用《民法典》;从纠纷解决方式上看,因劳动关系发生的争议必须先经过劳动仲裁才能前往法院起诉,而因劳务关系发生的争议可以径行去法院起诉。

具体而言，劳动关系中，用人单位对劳动者进行人身支配和管理，劳动者需要在单位长期、稳定地劳作；劳务关系中，单位或者自然人临时招募一定人员完成某项工作，工作结束后便结清工钱、终止合同，所招募的人员与单位或自然人之间不具有管理与被管理的服从关系。例如，包工头与工人之间的关系便是典型的劳务关系而非劳动关系。

相较劳务关系，劳动关系对劳动者的保护更全面。劳动者可以享受社会保险、员工福利等待遇，在工作时间和工作场所出于工作原因受到伤害的，经认定构成工伤后，还可以享受工伤医疗待遇。

（三）已达法定退休年龄的人员能否与单位成立劳动关系

退休并不等同于可以享受养老保险。若已达法定退休年龄，但是缴纳基本养老保险费不足 15 年的，尚无法按月领取基本养老金，只能转入新型农村社会养老保险或者城镇居民社会养老保险，并按照国务院规定享受相应的养老保险待遇。若可以享受养老保险，势必已达法定退休年龄，因为领取养老保险金要求劳动者达到法定退休年龄。

根据最高人民法院《关于审理劳动争议案件适用法律问题的解释（一）》第 33 条第 1 款的规定，用人单位与其招用的已经依法享受养老保险待遇的人员发生用工争议，法院应当按照劳务关系处理。司法实践中，许多法院引用该条并进行说理，认为该司法解释区分已经领取养老保险金和未领取养老保险金的劳动者，是对未享受养老保险待遇的劳动者的特殊保护。因此，已达法定退休年龄的劳动者若尚未享受基本养老保险待遇，仍可以与单位成立劳动关系；若已经享受养老保险待遇，则只能与单位成立劳务关系。

导读案例中，法院不区分是否领取养老保险金，认为劳动者只要达到法定退休年龄，就无法与单位成立劳动关系，此观点值得肯定。纵观我国现行劳动法律规范体系，没有规定表明已达法定退休年龄的劳动者还可以与用人单位建立劳动关系。贸然在司法实践中作出认定劳动关系的裁判，不仅于法无据，而且会与司法裁判的被动性原理相违背。如果将是否领取养老保险作为标准区别对待退休人员，将导致雇佣已享受养老保险待遇人员这一用工模式的成本更低，用人单位反而会更倾向招录他们。未享受养老保险待遇的人员会更难就业，最终与区别对待这一立场的解释目的背道而驰。依据《劳动合同法实施条例》的相关规定,劳动者达到法定退休年龄时,劳动合同终止,因此劳动关系也应相应终止。

(四)退休返聘人员能否享受工伤保险待遇

前文已述,相比劳务关系,劳动关系对劳动者的保护更加全面。对于退休返聘人员,认定其与用人单位成立劳动关系或劳务关系的差别集中体现在工伤认定方面。

依据现行法律规范,劳动者退休返聘,且已经享受养老保险待遇的,只有在建筑等特殊行业,用人单位继续为其缴纳工伤保险的情形下,才能享受工伤保险待遇。劳动者退休返聘,未享受养老保险待遇的,可以受到工伤保险赔付。但是司法实践中做法不一,该问题依然存在争议。

整体上,无论是否认定劳动关系的存在,法院均倾向于支持劳动者的工伤赔付请求。有法院认为,虽然劳动者达到法定退休年龄,劳动合同已经终止,但是超龄劳动者因工受伤,可以比照《工伤保险条例》的规定向劳动者支付相关费用。也有法院认为,用人单位与其招用的已达法定退休年龄但未享受养老保险待遇或领取退休金的人员发生用工争议,双方之间的用工情形符合劳动关系特征的,形成特殊劳动关系,可以支持劳动者工伤赔付的请求。还有法院认为,劳动者退休后享受养老保险待遇,不排斥其享有工伤保险待遇,二者是对劳动者不同层面的保护,不应以劳动者享有养老保险待遇而驳回其工伤赔付请求。

对于超过法定退休年龄的农民工能否认定为工伤,最高人民法院曾出台过相关答复,认为应当认定当事人与用人单位之间存在事实上的劳动关系。为了更好地保障超过法定退休年龄的农民工的合法权益,可以对其适用《工伤保险条例》进行工伤认定。

综上所述,无论是否认定劳动关系,无论当事人是否已经享受养老保险待遇,基于保护超过法定退休年龄的劳动者权益的目的,退休返聘人员若被认定为工伤,可以享受工伤保险待遇。

三、相关法律规定

(一)《劳动法》相关规定

第 73 条第 1 款　劳动者在下列情形下,依法享受社会保险待遇:

(一)退休;

(二)患病、负伤;

(三)因工伤残或者患职业病；

(四)失业；

(五)生育。

(二)《劳动合同法》相关规定

第44条　有下列情形之一的，劳动合同终止：

(一)劳动合同期满的；

(二)劳动者开始依法享受基本养老保险待遇的；

(三)劳动者死亡，或者被人民法院宣告死亡或者宣告失踪的；

(四)用人单位被依法宣告破产的；

(五)用人单位被吊销营业执照、责令关闭、撤销或者用人单位决定提前解散的；

(六)法律、行政法规规定的其他情形。

(三)《劳动合同法实施条例》相关规定

第21条　劳动者达到法定退休年龄的，劳动合同终止。

(四)国务院《关于工人退休、退职的暂行办法》相关规定

第1条　全民所有制企业、事业单位和党政机关、群众团体的工人，符合下列条件之一的，应该退休。

(一)男年满六十周岁，女年满五十周岁，连续工龄满十年的。

(二)从事井下、高空、高温、特别繁重体力劳动或者其他有害身体健康的工作，男年满五十五周岁、女年满四十五周岁，连续工龄满十年的。

本项规定也适用于工作条件与工人相同的基层干部。

(三)男年满五十周岁，女年满四十五周岁，连续工龄满十年，由医院证明，并经劳动鉴定委员会确认，完全丧失劳动能力的。

(四)因工致残，由医院证明，并经劳动鉴定委员会确定，完全丧失劳动能力的。

(五)国务院《关于安置老弱病残干部的暂行办法》相关规定

第4条　党政机关、群众团体、企业、事业单位的干部，符合下列条件之一的，都可以退休。

(一)男年满六十周岁，女年满五十五周岁，参加革命工作年限满十年的；

(二)男年满五十周岁，女年满四十五周岁，参加革命工作年限满十年，经过医院证明完全丧失工作能力的；

(三)因公致残,经过医院证明完全丧失工作能力的。

(六)原劳动部《关于贯彻执行〈中华人民共和国劳动法〉若干问题的意见》相关规定

46. 关于在企业内录干、聘干问题,劳动法规定用人单位内的全体职工统称为劳动者,在同一用人单位内,各种不同的身份界限随之打破。应该按照劳动法的规定,通过签订劳动合同来明确劳动者的工作内容、岗位等。用人单位根据工作需要,调整劳动者的工作岗位时,可以与劳动者协商一致,变更劳动合同的相关内容。

75. 用人单位全部职工实行劳动合同制度后,职工在用人单位由转制前的原工人岗位转为原干部(技术)岗位或由原干部(技术)岗位转为原工人岗位,其退休年龄和条件,按现岗位国家规定执行。

(七)《社会保险法》相关规定

第16条　参加基本养老保险的个人,达到法定退休年龄时累计缴费满十五年的,按月领取基本养老金。

参加基本养老保险的个人,达到法定退休年龄时累计缴费不足十五年的,可以缴费至满十五年,按月领取基本养老金;也可以转入新型农村社会养老保险或者城镇居民社会养老保险,按照国务院规定享受相应的养老保险待遇。

(八)人力资源和社会保障部《关于执行〈工伤保险条例〉若干问题的意见(二)》相关规定

第2条　达到或超过法定退休年龄,但未办理退休手续或者未依法享受城镇职工基本养老保险待遇,继续在原用人单位工作期间受到事故伤害或患职业病的,用人单位依法承担工伤保险责任。

用人单位招用已经达到、超过法定退休年龄或已经领取城镇职工基本养老保险待遇的人员,在用工期间因工作原因受到事故伤害或患职业病的,如招用单位已按项目参保等方式为其缴纳工伤保险费的,应适用《工伤保险条例》。

(九)最高人民法院《关于审理劳动争议案件适用法律问题的解释(一)》相关规定

第32条第1款　用人单位与其招用的已经依法享受养老保险待遇或者领取退休金的人员发生用工争议而提起诉讼的,人民法院应当按劳务关系处理。

第 20 讲　上下班途中发生交通事故可以认定为工伤吗？

一、案例导读

周某为欧某公司的职工，其于 2019 年 6 月 25 日生育一女，休完产假后回单位上班。2019 年 12 月 6 日 13 时 30 分左右，周某从工作地点开车回家。当日 13 时 55 分，案外人张某某驾驶重型特殊结构货车在沿龙铜线 22 千米 100 米汤山街道老宁峰路路口与周某驾驶的汽车相撞，造成周某受伤。当日，某交通警察大队出具道路交通事故认定书，认定张某某负事故全部责任，周某无责任。2020 年 7 月 15 日，周某的委托代理人向被告某人力资源和社会保障局提交工伤认定申请，提出周某于 2019 年 12 月 6 日 13 时 30 分左右驾车回家哺乳途中因交通事故受伤，并提交了企业信息、个人参加社会保险情况、道路交通事故认定书等申请材料。某人力资源和社会保障局于 2020 年 7 月 27 日受理该申请并向欧某公司邮寄工伤认定举证通知书。2020 年 8 月 12 日，欧某公司作出《工伤认定举证答辩书》并提出周某并未向公司申请调增其休哺乳假的时间，其外出也未按照公司制度申请外出流程，不符合“上下班途中”的范围。2020 年 8 月 20 日，某人力资源和社会保障局作出涉案决定书，认定周某从单位回家给小孩哺乳途中，受到非本人主要责任的交通事故伤害而受伤，符合《工伤保险条例》第 14 条第 6 项的规定，属于工伤认定范围，予以认定为工伤。欧某公司因不服某人力资源和社会保障局作出的工伤认定决定，向法院提起诉讼。

法院认为，根据《工伤保险条例》第 14 条第 6 项和最高人民法院《关于审理工伤保险行政案件若干问题的规定》第 6 条的规定，职工在上下班途中，受到非本人主要责任的交通事故或者城市轨道交通、客运轮渡、火车事故伤害的，应当认定为工伤。根据《女职工劳动保护特别规定》第9条第2款的规定，用人单位应当在每天的劳动时间内为哺乳期女职工安排1小时的哺乳时间。周某根据工作时间灵活安排其每日的哺乳时间，回家哺乳后再返回单位继续工作，往返途中发生的交通事故伤害应视为工伤认定的合理范畴。被告某人力资源和社会保障局在受理周某的工伤认定申请后，经过调查并结合证据材料，认定周某从单位回家给小孩哺乳途中，受到非本人主要责任的交通事故伤害而受伤，属于因在上下班途中发生非本人主要责任的交通事故受伤的情形，某人力资源和社会保障局据此作出涉案决定书，符合上述规定。

该案中，双方纠纷主要涉及上下班途中发生交通事故是否可以认定为工伤的问题。那么，我国现行法律对于这一问题究竟是如何规定的？本讲以下内容将围绕这一问题予以展开。

二、法律知识讲解

（一）工伤的概念

工伤，又称为职业伤害、工作伤害，一般是指劳动者在从事职业活动或者职业相关活动时，基于工作原因受到的事故伤害。这一概念最早出现在19世纪，由工业革命带来的社会化大生产一方面导致生产力和生产水平提高，另一方面也给劳动者带来了更广泛的职业伤害和职业风险。为了在保证生产效率的同时，最大限度地规避工伤风险，保障因工作遭受事故伤害或者患职业病的劳动者获得医疗救治和经济补偿，促进遭受工伤的劳动者康复，世界各国多采用工伤赔偿、工伤保险等工伤救济制度来分散用人单位的工伤风险，如我国以《工伤保险条例》为中心构建的工伤保险制度。

（二）工伤的适用要件

工伤的适用要件主要如下：（1）职工与企业之间存在劳动关系；（2）事故在职工履行工作职责的过程中发生；（3）职工具有受到人身损害的事实；（4）事故与职工受损之间具有因果关系。下面就这几个要件逐一分析：

其一，职工与企业之间存在劳动关系。劳动关系，是指用人单位与劳动者之间的管理与被管理的关系。用人单位自用工之日起即与劳动者建立劳动关系，建立劳动关系应当订立书面劳动合同。劳动关系的特点就在于用人单位对职工具有人身支配与管理关系，劳动者在用人单位的工作长期且稳定，一般不会因为某项工程的完工而结束。

其二,事故在职工履行工作职责的过程中发生。对于职工履行工作职责的判断,主要集中于工作时间、工作场所和工作原因这三方面的认定。其中,工作原因是核心要件,也是认定工伤的充分条件。即使事故未发生在工作时间、工作场所,但只要是出于工作原因,职工因该事故而遭受的人身损害同样应当认定为工伤。

其三,职工具有受到人身损害的事实。职工受到人身损害,是指其身体权、健康权、生命权等受到损害,受到损害是进行工伤赔付的基础。

其四,事故与职工受损之间具有因果关系。事故与职工受到的人身损害之间应具有引起和被引起的关系,若职工受到的人身损害并非事故所导致,而是其自身导致,自然不属于工伤的赔付范围,而应当按照基本医疗保险办法处理。

(三)认定工伤后的法律后果

认定工伤后,职工可以享受工伤医疗待遇,产生的医疗费、康复治疗费、住院伙食补助费、异地就医交通及食宿费等都可以从工伤保险基金中支付。若因为工伤需要暂停工作接受工伤医疗,还可以享受停工留薪待遇,原工资福利待遇不变,由所在用人单位按月支付。

职工发生工伤后,应当进行劳动能力鉴定,依据其伤残的程度享受不同的待遇,如一级伤残可以收到以 27 个月的本人工资为标准的一次性伤残补助金和按月支付的伤残津贴。若职工因工死亡,其近亲属可以从工伤保险基金领取丧葬补助金、一次性工亡补助金等补贴。

(四)途中工伤的认定问题

途中工伤,主要是指职工在上下班途中遭受交通事故的情形。如前所述,工伤的认定要件之一即"事故在职工履行工作职责的过程中发生",对于职工履行工作职责的判断,主要集中于工作时间、工作场所和工作原因即"三工"要素的认定。上班途中的交通事故,虽然并非发生于工作时间、工作场所,却是出于工作原因。因此,职工为了前往工作场合,在上下班途中受到交通事故伤害的,应认定为工伤。所谓的上下班途中,既包括正常上下班途中,也包括加班加点上下班途中。受到交通事故伤害,既包括职工乘坐或驾驶机动车受到伤害,也包括职工因其他机动车事故造成的伤害。

对此,《工伤保险条例》第 14 条第 6 项也明确规定,职工在上下班途中受到非本人主要责任的交通事故伤害的,应当被认定为工伤。其中,对于“上下班途中”要件的判断,法院主要考虑以下3个要素:一是目的要素,即是否以上下班为目的;二是时间要素,即上下班时间是否合理;三是空间要素,即往返于工作地和居住地的路线是否合理。对于“受到非本人主要责任的交通事故”要件的判断,理论界存在较大争议,主要理由是工伤认定的排除要件为职工自害故意,而在交通事故中承担“本人主要责任”可能是因为职工存在过错,也可能源于意外事件,并不局限于职工具有自害故意的情形。

根据最高人民法院《关于审理工伤保险行政案件若干问题的规定》第6条的规定,可认定为“上下班途中”的情形主要存在如下几种:其一,在合理时间内往返于工作地与住所地、经常居住地、单位宿舍的合理路线的上下班途中;其二,在合理时间内往返于工作地与配偶、父母、子女居住地的合理路线的上下班途中;其三,从事属于日常工作生活所需要的活动,且在合理时间和合理路线的上下班途中;其四,在合理时间内其他合理路线的上下班途中。其中,“合理时间”应结合距离、路况条件、天气状况、交通工具及偶然性事件的发生等种种情况,作出客观合理的判断。“合理路线”原则上是指职工为了上下班而往返于住处和工作单位之间的合理途径。路线是否合理并不以是否仅有唯一路线、路途时间长短为判断依据。根据社会生活的实际情况,职工不一定只有一处住所,因工作性质的不同,其工作场所也不一定只有一处,而即使住处和工作场所仅有一处,职工往返于两地之间也不一定只有一条路径可供选择。因此,只要在职工为上下班而往返于住处和工作单位之间的合理路径之中,即应该认定为“上下班途中”。

在导读案例中,周某于2019年6月25日生育一女,休完产假后回单位工作,周某工作时尚处在哺乳期内,根据《女职工劳动保护特别规定》第9条第2款的规定,欧某公司应当在每天的劳动时间内为周某安排1小时的哺乳时间,并及时与周某沟通协商哺乳时间的安排。周某在欧某公司未与其明确沟通哺乳时间的情形下,根据工作时间灵活安排其每日的哺乳时间,回家哺乳后再返回单位继续工作,往返途中发生的交通事故伤害应视为工伤认定的合理范畴。周某在工作时间内,合理选择时间回家哺乳,且路线是工作地点到家庭的合理路线,周某因交通事故受伤符合《工伤保险条例》第14条第6项规定的情形,认定为工伤符合法律规定。

三、相关法律规定

（一）《工伤保险条例》相关规定

第14条　职工有下列情形之一的，应当认定为工伤：

……

（六）在上下班途中，受到非本人主要责任的交通事故或者城市轨道交通、客运轮渡、火车事故伤害的；

……

（二）最高人民法院《关于审理工伤保险行政案件若干问题的规定》相关规定

第6条　对社会保险行政部门认定下列情形为“上下班途中”的，人民法院应予支持：

（一）在合理时间内往返于工作地与住所地、经常居住地、单位宿舍的合理路线的上下班途中；

（二）在合理时间内往返于工作地与配偶、父母、子女居住地的合理路线的上下班途中；

（三）从事属于日常工作生活所需要的活动，且在合理时间和合理路线的上下班途中；

（四）在合理时间内其他合理路线的上下班途中。

（三）《女职工劳动保护特别规定》相关规定

第9条　对哺乳未满1周岁婴儿的女职工，用人单位不得延长劳动时间或者安排夜班劳动。

用人单位应当在每天的劳动时间内为哺乳期女职工安排1小时哺乳时间；女职工生育多胞胎的，每多哺乳1个婴儿每天增加1小时哺乳时间。

第 21 讲　什么是离职补偿金？

一、案例导读

杨某于 2008 年 2 月 28 日入职某电气公司，担任厨师，月工资 3900 元。2017 年 8 月，因受北京市疏解整治政策的影响，某电气公司决定将位于北京市朝阳区的办公地点搬迁至北京市通州区。在双方协商变更劳动合同的过程中，杨某认为新的办公地点太远、通勤时间太长，同时对于新的工资标准不满意，故不愿意到新的办公地点工作。在公司搬迁后，杨某不再到公司上班。该电气公司于 2017 年 9 月 12 日解除与杨某的劳动合同。杨某不服，提起劳动仲裁申请，要求某电气公司支付解除劳动关系经济补偿金 39,000 元。在劳动争议仲裁机构做出裁决后，杨某又诉至法院。

法院认为，某电气公司受北京市疏解整治政策的影响搬迁办公地点，同时与杨某未能就劳动合同内容变更达成一致意见。某电气公司据此解除劳动合同，符合《劳动合同法》第 40 条第 3 项之规定，应依法支付杨某解除劳动关系的经济补偿。故法院判决某电气公司支付杨某解除劳动关系的经济补偿金 39,000 元。

该案中，双方纠纷主要涉及离职补偿金的确定问题。那么，我国现行法律对于离职补偿金的确定问题究竟是如何规定的？本讲以下内容将围绕这一问题予以展开。

二、法律知识讲解

（一）离职补偿金的概念

离职补偿金，也称为“离职经济补偿金”或“经济补偿金”，是指在员工离开公司或解除劳动合同时，根据法律、劳动合同或公司政策规定，由雇主向员工支付的一定金额或一定比例的金钱或福利。离职补偿金的目的是保护员工的利益，补偿他们在离职或解除劳动合同后可能遭受的损失。

（二）离职补偿金的适用情形

就用人单位需要支付离职职工经济补偿金的情形，现行《劳动合同法》第46条规定："有下列情形之一的，用人单位应当向劳动者支付经济补偿：（一）劳动者依照本法第三十八条规定解除劳动合同的；（二）用人单位依照本法第三十六条规定向劳动者提出解除劳动合同并与劳动者协商一致解除劳动合同的；（三）用人单位依照本法第四十条规定解除劳动合同的；（四）用人单位依照本法第四十一条第一款规定解除劳动合同的；（五）除用人单位维持或者提高劳动合同约定条件续订劳动合同，劳动者不同意续订的情形外，依照本法第四十四条第一项规定终止固定期限劳动合同的；（六）依照本法第四十四条第四项、第五项规定终止劳动合同的；（七）法律、行政法规规定的其他情形。"据此可知，用人单位需要支付离职补偿金的情形涵盖了劳动者无故离职外的其他所有劳动合同解除情形。

1. 劳动者依照《劳动合同法》第38条的规定解除劳动合同的，用人单位应当向劳动者支付经济补偿。具体包括如下情形：（1）用人单位未按照劳动合同约定提供劳动保护或者劳动条件的；（2）用人单位未及时足额支付劳动报酬的；（3）用人单位未依法为劳动者缴纳社会保险费的；（4）用人单位的规章制度违反法律、法规的规定，损害劳动者权益的；（5）因用人单位以欺诈、胁迫的手段或者乘人之危，使对方在违背真实意思的情况下订立或者变更劳动合同的；（6）法律、行政法规规定劳动者可以解除劳动合同的其他情形。

2. 用人单位依照《劳动合同法》第36条的规定解除劳动合同的，用人单位应当向劳动者支付经济补偿。也就是说，在用人单位与劳动者协商一致解除劳动合同的情形下，用人单位也应当支付劳动者离职补偿金。

3. 用人单位依照《劳动合同法》第40条的规定解除劳动合同的，用人单位应当向劳动者支付经济补偿。具体包括如下情形：（1）劳动者患病或者非因工负伤，在规定的医疗期满后不能从事原工作，也不能从事由用人单位另行安排的工作的；（2）劳动者不能胜任工作，经过培训或者调整工作岗位，仍不能胜任工作的；（3）劳动合同订立时所依据的客观情况发生重大变化，致使劳动合同无法履行，经用人单位与劳动者协商，未能就变更劳动合同内容达成协议的。需要注意的是，在上述用人单位可以单方决定解除劳动合同的情形下,用人单位必须提前30日以书面形式通知劳动者本人或者额外支付劳动者1个月工资。

4. 用人单位依照《劳动合同法》第41条第1款的规定解除劳动合同的(用人单位进行经济性裁员),用人单位应当向劳动者支付经济补偿。具体而言,用人单位存在“依照企业破产法规定进行重整的”“生产经营发生严重困难的”“企业转产、重大技术革新或者经营方式调整,经变更劳动合同后,仍需裁减人员的”“其他因劳动合同订立时所依据的客观经济情况发生重大变化,致使劳动合同无法履行的”等情况,如果需要裁减人员20人以上或者裁减不足20人但占企业职工总数10%以上的,用人单位应当提前30日向工会或者全体职工说明情况,听取工会或者职工的意见后,裁减人员方案经向劳动行政部门报告,方可裁减。但是,上述被裁人员可要求单位支付离职经济补偿。

5. 用人单位以劳动合同期满为由终止与劳动者之间固定期限劳动合同的,应当向劳动者支付经济补偿。当然,如果用人单位提出要续订劳动合同,劳动者不同意续订的,此时相当于劳动者无故辞职,用人单位自然无须支付离职经济补偿。

6. 用人单位被依法宣告破产,用人单位被吊销营业执照、责令关闭、撤销,或用人单位决定提前解散的,应当向劳动者支付经济补偿。

7. 法律、行政法规规定的其他情形。举例而言,《劳动合同法实施条例》第6条第1款规定,用人单位若自用工之日起超过1个月不满1年未与劳动者订立书面劳动合同的,应当向劳动者每月支付两倍的工资,并与劳动者补订书面劳动合同;劳动者不与用人单位订立书面劳动合同的,用人单位应当书面通知劳动者终止劳动关系,并向劳动者支付经济补偿金。再如,《劳动合同法实施条例》第22条规定,以完成一定工作任务为期限的劳动合同因任务完成而终止的,用人单位应当依照《劳动合同法》第47条的规定向劳动者支付经济补偿。

(三)离职补偿金的计算方式

离职补偿金的计算标准,可能因地区、用人单位规模和劳动者身份等因素而有所不同。通常情况下,离职补偿金会考虑劳动者在用人单位工作的年限、工资水平、离职原因等因素。

《劳动合同法》第47条明确规定了相应计算标准:劳动者在用人单位每工作满1年,用人单位应支付以1个月工资为标准的经济补偿;6个月以上不满1年的,按照1

年计算;不足6个月的,按照半年计算。举例而言,小王在用人单位工作了3年7个月,其离职时用人单位应当向其支付以4个月工资为标准的经济补偿;小张在用人单位工作了4年2个月,其离职时用人单位应当向其支付以4.5个月工资为标准的经济补偿。

此处的月工资是指劳动者在劳动合同解除或者终止前12个月的平均工资。月工资应当按照劳动者应得工资计算,包括计时工资或者计件工资以及奖金、津贴和补贴等货币性收入。劳动者在劳动合同解除或者终止前12个月的平均工资低于当地最低工资标准的,按照当地最低工资标准计算。劳动者工作不满12个月的,按照实际工作的月数计算平均工资。

三、相关法律规定

(一)《劳动合同法》相关规定

第36条 用人单位与劳动者协商一致,可以解除劳动合同。

第38条 用人单位有下列情形之一的,劳动者可以解除劳动合同:

(一)未按照劳动合同约定提供劳动保护或者劳动条件的;

(二)未及时足额支付劳动报酬的;

(三)未依法为劳动者缴纳社会保险费的;

(四)用人单位的规章制度违反法律、法规的规定,损害劳动者权益的;

(五)因本法第二十六条第一款规定的情形致使劳动合同无效的;

(六)法律、行政法规规定劳动者可以解除劳动合同的其他情形。

用人单位以暴力、威胁或者非法限制人身自由的手段强迫劳动者劳动的,或者用人单位违章指挥、强令冒险作业危及劳动者人身安全的,劳动者可以立即解除劳动合同,不需事先告知用人单位。

第40条 有下列情形之一的,用人单位提前三十日以书面形式通知劳动者本人或者额外支付劳动者一个月工资后,可以解除劳动合同:

(一)劳动者患病或者非因工负伤,在规定的医疗期满后不能从事原工作,也不能从事由用人单位另行安排的工作的;

(二)劳动者不能胜任工作,经过培训或者调整工作岗位,仍不能胜任工作的;

(三)劳动合同订立时所依据的客观情况发生重大变化,致使劳动合同无法履行,经用人单位与劳动者协商,未能就变更劳动合同内容达成协议的。

第 41 条第 1 款　有下列情形之一,需要裁减人员二十人以上或者裁减不足二十人但占企业职工总数百分之十以上的,用人单位提前三十日向工会或者全体职工说明情况,听取工会或者职工的意见后,裁减人员方案经向劳动行政部门报告,可以裁减人员:

(一)依照企业破产法规定进行重整的;

(二)生产经营发生严重困难的;

(三)企业转产、重大技术革新或者经营方式调整,经变更劳动合同后,仍需裁减人员的;

(四)其他因劳动合同订立时所依据的客观经济情况发生重大变化,致使劳动合同无法履行的。

第 42 条　劳动者有下列情形之一的,用人单位不得依照本法第四十条、第四十一条的规定解除劳动合同:

(一)从事接触职业病危害作业的劳动者未进行离岗前职业健康检查,或者疑似职业病病人在诊断或者医学观察期间的;

(二)在本单位患职业病或者因工负伤并被确认丧失或者部分丧失劳动能力的;

(三)患病或者非因工负伤,在规定的医疗期内的;

(四)女职工在孕期、产期、哺乳期的;

(五)在本单位连续工作满十五年,且距法定退休年龄不足五年的;

(六)法律、行政法规规定的其他情形。

第 43 条　用人单位单方解除劳动合同,应当事先将理由通知工会。用人单位违反法律、行政法规规定或者劳动合同约定的,工会有权要求用人单位纠正。用人单位应当研究工会的意见,并将处理结果书面通知工会。

第 44 条　有下列情形之一的,劳动合同终止:

(一)劳动合同期满的;

(二)劳动者开始依法享受基本养老保险待遇的;

(三)劳动者死亡,或者被人民法院宣告死亡或者宣告失踪的;

(四)用人单位被依法宣告破产的;

(五)用人单位被吊销营业执照、责令关闭、撤销或者用人单位决定提前解散的;

(六)法律、行政法规规定的其他情形。

第46条 有下列情形之一的,用人单位应当向劳动者支付经济补偿:

(一)劳动者依照本法第三十八条规定解除劳动合同的;

(二)用人单位依照本法第三十六条规定向劳动者提出解除劳动合同并与劳动者协商一致解除劳动合同的;

(三)用人单位依照本法第四十条规定解除劳动合同的;

(四)用人单位依照本法第四十一条第一款规定解除劳动合同的;

(五)除用人单位维持或者提高劳动合同约定条件续订劳动合同,劳动者不同意续订的情形外,依照本法第四十四条第一项规定终止固定期限劳动合同的;

(六)依照本法第四十四条第四项、第五项规定终止劳动合同的;

(七)法律、行政法规规定的其他情形。

第47条 经济补偿按劳动者在本单位工作的年限,每满一年支付一个月工资的标准向劳动者支付。六个月以上不满一年的,按一年计算;不满六个月的,向劳动者支付半个月工资的经济补偿。

劳动者月工资高于用人单位所在直辖市、设区的市级人民政府公布的本地区上年度职工月平均工资三倍的,向其支付经济补偿的标准按职工月平均工资三倍的数额支付,向其支付经济补偿的年限最高不超过十二年。

本条所称月工资是指劳动者在劳动合同解除或者终止前十二个月的平均工资。

(二)《劳动合同法实施条例》相关规定

第6条第1款 用人单位自用工之日起超过一个月不满一年未与劳动者订立书面劳动合同的,应当依照劳动合同法第八十二条的规定向劳动者每月支付两倍的工资,并与劳动者补订书面劳动合同;劳动者不与用人单位订立书面劳动合同的,用人单位应当书面通知劳动者终止劳动关系,并依照劳动合同法第四十七条的规定支付经济补偿。前款规定的用人单位向劳动者每月支付两倍工资的起算时间为用工之日起满一个月的次日,截止时间为补订书面劳动合同的前一日。

第22条 以完成一定工作任务为期限的劳动合同因任务完成而终止的,用人单位应当依照劳动合同法第四十七条的规定向劳动者支付经济补偿。

第27条 劳动合同法第四十七条规定的经济补偿的月工资按照劳动者应得工资计算,包括计时工资或者计件工资以及奖金、津贴和补贴等货币性收入。劳动者在劳动合同解除或者终止前12个月的平均工资低于当地最低工资标准的,按照当地最低工资标准计算。劳动者工作不满12个月的,按照实际工作的月数计算平均工资。

(三)最高人民法院《关于审理劳动争议案件适用法律问题的解释(一)》相关规定

第48条　劳动合同法施行后,因用人单位经营期限届满不再继续经营导致劳动合同不能继续履行,劳动者请求用人单位支付经济补偿的,人民法院应予支持。

第四部分
侵权纠纷处理

第 22 讲　一起饮酒的朋友是否对酒后死亡的人负责？

一、案例导读

2021 年 3 月 8 日，刘某某与四位好友相约到酒店饮酒。在刘某某饮用大量白酒后，其好友又将其搀扶到 KTV 继续饮酒唱歌，其间刘某某又饮用了部分酒。之后，刘某某由他人送回家（刘某某离婚后独自一人在家居住）。2021 年 3 月 11 日，刘某某家人寻找刘某某未果，报请开锁公司破门进入后发现刘某某已在家中死亡。刘某某家人请求法院依法判令刘某某的 4 位好友赔偿死亡赔偿金、丧葬费等费用。

法院在审理中认为，刘某某作为完全民事行为能力人，明知过量饮酒会伤害身体甚至造成危及生命的严重后果，却不加以控制，导致损害后果的发生，具有重大过错，应当承担主要责任。对于其 4 位好友来说，朋友之间的共同饮酒、交流感情乃人之常情，但相互之间应当尽到提醒、劝告少饮酒并阻止过量饮酒的义务。该案中刘某某在大量饮酒的情况下，4 位好友并未尽到提醒、劝告和阻止的义务，仍然搀扶刘某某到 KTV 继续饮酒，存在过错，应当承担相应的民事责任。最终法院判决刘某某的四位好友各承担 2% 的赔偿责任。

该案中，双方纠纷主要涉及共同饮酒人是否需要承担侵权责任的问题。那么，我国现行法律对于共同饮酒人是否需要承担侵权责任的问题究竟是如何规定的？本讲以下内容将围绕这一问题予以展开。

二、法律知识讲解

（一）共同饮酒行为属于情谊行为

情谊行为是行为人以建立、维持或者增进与他人的相互关切、爱护的感情为目的,不具有受法律约束意思的,后果直接无偿利他的行为。共同饮酒、好意搭载同行人、旅途中答应叫醒陌生旅客、指路等均属于情谊行为。情谊行为中,表达情谊的一方没有受法律约束意思或者使双方法律权利义务变动的意思。因此,情谊行为不会在双方间产生合同关系,如说请客吃饭的人临时反悔,也不能要求反悔人承担违约责任。但是在情谊行为中因过错致人损害可能会产生侵权责任。

(二)共同饮酒人是否应当承担赔偿责任

在共同饮酒致人醉酒身亡或者受伤的侵权案件中,共同饮酒人是否需要承担侵权责任需要从侵权责任的构成要件进行判断:一是行为人实施某一违法行为(加害行为);二是行为人实施行为时具有主观过错(主观过错);三是受害人的民事权益受到损害(损害事实);四是行为与损害结果之间具有因果关系(因果关系)。所以司法实务中,对于该类案件应当作如下具体分析:

第一,在加害行为的判断上,若行为使醉酒者处于相对危险的情况,则该行为可以在侵权案件中被认定为具有违法性。这里的行为包含作为和不作为:一方面,作为侵权是指行为人因为对他人的民事权益实施了积极加害行为而承担侵权责任,最简单的如殴打他人。在共同饮酒中,作为侵权表现为下列情形:一是强劝、逼迫、许诺条件饮酒,甚至发现对方已经达到醉酒状态仍然劝导或强制其饮酒。二是明知道对方不能喝酒仍劝酒。若明知对方身体不适合喝酒,仍劝其饮酒引发疾病,不仅要承担民事赔偿的主要责任,涉嫌故意伤害的,还可能会承担刑事责任。另一方面,不作为侵权是指由于行为人应当履行某种法定作为的义务而未履行产生的侵权责任。如商场、宾馆、车站等经营场所、公共场所的经营者、管理者或者群众性活动的组织者负有积极保护他人的义务,若其未尽到安全保障义务,造成他人损害,应当承担侵权责任。在共同饮酒中,不作为侵权表现为下列情形:一是未安全护送醉酒者。共同饮酒人对醉酒者应当尽到合理的护送、照看义务。二是酒后驾车、剧烈运动未加以劝阻。在明知对方饮酒后仍要驾车、剧烈运动的情况下,共同饮酒人应当加以劝阻。未劝阻而发生损害事件的,共同饮酒人有可能需要承担一定的责任。

第二,在主观过错的判断上,应认定此处的过错包括故意和过失。其中,故意,是指行为人预见到自己的行为会导致某一损害后果而希望或放任该后果发生的一种主观心态。如前所述,在明知对方身体不适合喝酒,仍劝其饮酒引发疾病的情形中,行为人即持有故意的主观心态。过失则是指行为人因为疏忽或轻信而使自己未履行应有的注意义务的一种心理状态。注意义务就是行为人在实施某种行为时，对该行为所引起的后果应保持理性人的关注。在日常社会中，每一个完全民事行为能力人在实施特定行为时，都必须了解该行为的性质以及后果，并且要对其后果予以必要程度的关注。特别是行为人所实施的行为对他人有可能引起损害的时候，应当采取必要措施加以防范。事实上，特定行为的性质不同，行为人对其后果的关注程度也不同。这种关注程度的不同，就是行为人所应有的不同注意义务。

在共同饮酒人的注意义务上，我国没有规定共同饮酒人之间存在注意义务的强制性规范。但是，我们可以以"合理人的注意义务"来进行判断，即一个一般人在行为人所处的情况下会怎样行为，若一般人会与行为人作出同样的行为，行为人就没有过失，反之就有过失。因此，若共同饮酒人违反以下义务，法院往往会认为其应当承担相应的赔偿责任：一是在共饮时，共同饮酒人应当对其他饮酒人的身体情况、精神状况保持关注，当发现其他饮酒人饮酒较多，可能出现醉酒情况时，要及时提醒，甚至要有效劝说其停止饮酒。对于已经出现醉意的其他饮酒人，应当及时提供帮助、照顾的义务。二是在共饮结束后，共同饮酒人对于其他共饮者应尽到帮扶、照顾、护送的义务，并且需要及时通知醉酒者的近亲属关于醉酒者的地理位置和状态等。如果条件允许，最好亲自把醉酒者交给其近亲属照看。为确保醉酒者能平安到达目的地，一定不要让醉酒者独自离开。三是酒局的邀约人不同于普通的共饮者，其要确保受邀约人安全参加聚餐活动，因此负有更高的安全注意义务。

第三，在损害事实的判断上，损害是指行为人的行为对受害人的民事权益造成的不利后果，通常表现为财产减少、生命丧失、身体残疾、名誉受损、精神痛苦等。

第四，在因果关系的判断上，以普通人的社会经验审视之，若放任一个难以控制自己行为的饮酒人独自离开、剧烈运动等，很有可能造成意外事件，此时共同饮酒人的违法行为与饮酒人死亡、严重受伤等损害结果之间就存在相当的因果关系。

除以上4个要素外，法院将综合考虑当时的客观情况、事后参与救助情况、各方主观认识情况，从人道主义角度酌情确定责任比例。而且若死者是完全民事行为能力人，他对于自己参加聚餐活动时是否饮酒、可以饮多少酒等应有相应的认知和控制能力，因此应对自己饮酒和酒后的行为后果负首要责任。此时可以减轻侵权人（共同饮酒人）的责任，这是没有争议的。

三、相关法律规定

(一)《民法典》相关规定

第 1165 条　行为人因过错侵害他人民事权益造成损害的,应当承担侵权责任。

依照法律规定推定行为人有过错,其不能证明自己没有过错的,应当承担侵权责任。

第 1173 条　被侵权人对同一损害的发生或者扩大有过错的,可以减轻侵权人的责任。

第 1179 条　侵害他人造成人身损害的,应当赔偿医疗费、护理费、交通费、营养费、住院伙食补助费等为治疗和康复支出的合理费用,以及因误工减少的收入。造成残疾的,还应当赔偿辅助器具费和残疾赔偿金;造成死亡的,还应当赔偿丧葬费和死亡赔偿金。

第 1181 条　被侵权人死亡的,其近亲属有权请求侵权人承担侵权责任。被侵权人为组织,该组织分立、合并的,承继权利的组织有权请求侵权人承担侵权责任。

被侵权人死亡的,支付被侵权人医疗费、丧葬费等合理费用的人有权请求侵权人赔偿费用,但是侵权人已经支付该费用的除外。

(二)最高人民法院《关于审理人身损害赔偿案件适用法律若干问题的解释》相关规定

第 14 条　丧葬费按照受诉法院所在地上一年度职工月平均工资标准,以六个月总额计算。

第 15 条　死亡赔偿金按照受诉法院所在地上一年度城镇居民人均可支配收入标准,按二十年计算。但六十周岁以上的,年龄每增加一岁减少一年;七十五周岁以上的,按五年计算。

第 17 条　被扶养人生活费根据扶养人丧失劳动能力程度,按照受诉法院所在地上一年度城镇居民人均消费支出标准计算。被扶养人为未成年人的,计算至十八周岁;被扶养人无劳动能力又无其他生活来源的,计算二十年。但六十周岁以上的,年龄每增加一岁减少一年;七十五周岁以上的,按五年计算。

被扶养人是指受害人依法应当承担扶养义务的未成年人或者丧失劳动能力又无其他生活来源的成年近亲属。被扶养人还有其他扶养人的,赔偿义务人只赔偿受害人依法应当负担的部分。被扶养人有数人的,年赔偿总额累计不超过上一年度城镇居民人均消费支出额。

第 23 讲　高空抛物应当承担何种法律责任？

一、案例导读

2019 年 5 月 26 日，庚某在自家小区散步，经过 A5 栋时，有人从该楼抛出一个装满水的塑料水瓶，水瓶掉落在庚某身旁，导致庚某惊吓、摔倒受伤，随后被送往医院救治。监控显示，水瓶是从 A5 栋住户黄某家的阳台抛出的。2019 年 5 月 27 日，黄某与庚某家属签订《关于 2019 年 5 月 26 日高空抛物的确认书》，并支付赔偿款 1 万元。庚某因本次事件多次入院治疗，但黄某拒绝支付剩余治疗费用，双方当事人发生争议。

人民法院在审理中认为，根据《民法典》第 1254 条的规定，从建筑物中抛掷物品造成他人损害的，由侵权人依法承担侵权责任。该案中，黄某应当承担因抛掷矿泉水瓶致庚某受伤造成的损害赔偿责任。最终人民法院判决黄某向庚某赔偿医疗费、护理费、交通费、住院伙食补助费、残疾赔偿金、鉴定费合计 8.3 万元，精神损害抚慰金 1 万元。

该案是《民法典》施行后适用高空抛物民事侵权条款的首案，主要涉及高空抛物情形下侵权人应当承担何种法律责任的问题。我国现行法律对于高空抛物的侵权问题究竟是如何规定的？本讲以下内容将围绕这一问题予以展开。

二、法律知识讲解

（一）制度背景与制度概述

高空抛物问题一直被称作“悬在城市上空的痛”，高空抛物、坠物致人损害的问题时有发生。在2010年原《侵权责任法》实施以前，高空抛物的法律适用问题就引起社会广泛关注。由于缺乏明确法律规定，同案不同判的情形时有出现，对受害人的保护也不甚到位。如“深圳玻璃案”中，2006年5月31日，深圳市一名小学生经过一幢居民楼时，被楼上掉下的一块玻璃砸中头部，当场死亡。公安机关侦查后，无法查明具体的加害人。该小学生的父母起诉该居民楼二层以上73家住户和该居民楼的物业公司，要求他们共同赔偿20万元。法院认为：原告没有证据证明该楼的73家住户对损害发生有过错，最终判决住户不承担侵权责任；但物业公司存在管理上的疏漏，判决物业公司承担30%的赔偿责任。

原《侵权责任法》第87条规定，从建筑物中抛掷物品或者从建筑物上坠落的物品造成他人损害，难以确定具体侵权人的，除能够证明自己不是侵权人的外，由可能加害的建筑物使用人给予补偿。该条在一定程度上有利于保护受害人，但也存在打击面过广、不利于及时查找侵权人等问题。2019年，最高人民法院为切实维护人民群众“头顶上的安全”，促进社会公平正义，发布了《关于依法妥善审理高空抛物、坠物案件的意见》，明确了“区分坠落物、抛掷物的不同法律适用规则”“依法确定物业服务企业的责任”等内容，对预防和惩治高空抛物行为发挥了积极作用。立法者参考有关规定，对高空抛物侵权责任作了深入研究，在《民法典》第1254条作出了有关规定。

相比原《侵权责任法》第87条，《民法典》第1254条的变化主要为：其一，明确“禁止从建筑物中抛掷物品”，表明对高空抛物的禁止态度。其二，明确从建筑物中抛掷物品或从建筑物上坠落的物品造成他人损害的，以侵权人承担侵权责任为一般规则，由可能加害的建筑物使用人给予补偿为例外。其三，在该条第2款中新增物业服务企业等建筑物管理人的责任，有利于加强物业管理服务，预防高空抛物行为，也有利于更快更有效地救济受害人。其四，在该条第3款中新增有关部门调查职责的规定，有利于解决实践中高空抛物责任人查找难的问题。

（二）具体内容

1. 禁止从建筑物中抛掷物品

《民法典》第1254条第1款明确规定，禁止从建筑物中抛掷物品。该条禁止性规定，体现了立法者明确的导向，对高空抛物行为进行严厉谴责。在日常生活中，要积极宣传，科普高空抛物的危害，防患于未然。

2. 从建筑物中抛掷物品或从建筑物上坠落的物品

值得注意的是，如果物品并非从建筑物中被抛掷或坠落，则不适用《民法典》第1254条。例如，群体性活动中被人群中抛掷的物品砸伤而无法确定具体侵权人时，被侵权人不能依据该条主张由参加活动的所有可能的侵权人承担赔偿责任。又如，在道路上，被行驶车辆上的人从车窗中抛掷的物品砸伤的人，亦不能适用该条规定。

3. 由侵权人依法承担侵权责任

根据《民法典》第1254条第1款的规定，从建筑物中抛掷物品或者从建筑物上坠落的物品造成他人损害的，以侵权人承担责任为一般规则。这一规则符合侵权责任可归责性的基本法理。此处“侵权人”包括：(1)实施抛物行为的人(或者其监护人、用人单位、个人雇主等)；(2)致害物品的所有人、管理人、使用人(或者其监护人、用人单位、个人雇主等)。

从归责原则与构成要件看，该条规定并未体现过错的内容。但从体系解释角度看，高空抛物致人损害应属过错推定责任。《民法典》第1253条关于建筑物、构筑物或者其他设施及其搁置物、悬挂物坠落致人损害的情形，就采取了过错推定责任。从行为性质和体系角度看，第1254条应适用与第1253条相同的规则。即在实际适用上，应由加害人对其尽到相应管理、维护义务或者没有抛掷物品承担举证责任。

4. 经调查难以确定具体侵权人

实践中的一个难题是有时难以确定具体侵权人，为此第1254条特别规定“经调查”。在发生高空抛物致人损害的情形时，公安等机关应及时、缜密地调查取证，尽可能查明侵权人，小区物业应积极配合。该条第3款规定了公安等机关的调查责任。公安等机关是具有侦查权的机关。经调研，凡是公安机关立案侦查的从建筑物中抛掷物品或者从建筑物上坠落的物品造成他人损害的案件，基本上都能查到具体侵权人。

5. 除能够证明自己不是侵权人的外，由可能加害的建筑物使用人给予补偿

关于“可能加害的建筑物使用人”。在建筑物使用人是多人的情况下，从建筑物中抛掷物品或者从建筑物上坠落的物品造成他人损害，经调查难以确定具体侵权人的，要从这些使用人中确定可能的侵权人。第1254条规定的建筑物使用人，是指在侵权行为发生时建筑物的实际使用人。使用人包括使用建筑物的所有权人、承租人、借用人以及其他使用建筑物的人。

如果凭借社会生活实践经验、科学手段、监控手段、侦查措施等其他方法,可以推测认为抛掷物、坠落物有可能是从某人使用的建筑物中抛掷或坠落的,则该使用人就是第1254条所说的“可能加害的建筑物使用人”。但这种可能性必须限定在一定的合理范围内,不能机械地无限制扩大。例如,被侵权人在居民楼北面被该楼上抛掷的物品砸伤,则居住在该楼南面的居民不属于“可能加害的建筑物使用人”。

关于“举证责任”。第1254条采用举证责任倒置。根据该条规定,难以确定具体侵权人的,由被侵权人证明自己是被建筑物上的抛掷物、坠落物伤害的,由建筑物使用人证明自己不是侵权人。建筑物使用人不能证明自己不是侵权人的,要对被侵权人受到的损害进行补偿。如果有证据能够确定具体的侵权人,则其他可能加害的建筑物使用人无须再举证证明自己不是侵权人。在通常情况下,如果“可能加害的建筑物使用人”进行了如下举证,则可以免责:(1)发生损害时,自己并不在建筑物中;(2)证明自己根本没有造成损害发生的东西;(3)证明自己所处的位置不可能造成抛掷物致人损害。例如,自己在一楼,抛掷物根本不会造成人受伤。

6. 发现真正侵权人后,承担了补偿的建筑物使用人具有追偿权

可能加害的建筑物使用人对被侵权人给予补偿的,各个可能加害的建筑物使用人之间不承担连带责任,而是按份分别对被侵权人进行补偿。被侵权人不能要求某一个或一部分可能加害的建筑物使用人补偿全部的损害,可能加害的建筑物使用人按照自己应承担的份额对被侵权人进行补偿后,也不能向其他可能加害的建筑物使用人追偿。但是,发现了真正侵权人的,可以向真正的侵权人进行追偿,以体现责任自负、社会公平。

7. 物业服务企业等建筑物管理人的义务

物业服务企业在预防和规制高空抛物、坠物方面也发挥重要作用,其理应做好相应的修缮、服务工作,在发现有高空抛物等危险行为时,应及时制止,向有关行政主管部门报告并协助处理。

物业服务企业并不当然属于责任人之列。根据第1254条的规定,物业服务企业只有在未采取必要的安全保证措施时才承担侵权责任。此处的判断依据是,物业服务企业等建筑物管理人不履行或不完全履行物业服务合同约定或法律法规规定、相关行业规范确定的维修、养护、管理和维护义务,最终导致建筑物及其搁置物、悬挂物发生脱落、坠落并致使他人损害。例如,在建筑物外墙瓷砖脱落致人损害的情形下,

作为建筑物管理人的物业服务企业应当提供证据证明已尽到相应的管理职责，并做好相应的警示和安全防范工作，否则应当对外墙瓷砖脱落致人损害承担赔偿责任。

(三)适用时注意事项

高空抛物行为严重危及人民群众生命、财产安全，为维护人民群众“头顶上的安全”，必须对此类行为严加处理。首先，要防患于未然，对高空抛物的危害积极加以宣传，督促物业服务企业严格巡查，对相关风险予以排除，对建筑物予以必要修缮。

如果确实发生高空抛物致人损害，首先，要及时查清责任人。在受害人不能举证或难以举证时，公安等机关应及时立案调查，查清责任人。其次，相关部门需要严格执法，依法明确各方责任。对造成损害的责任人，除依法令其承担民事责任外，还应给予治安管理处罚，构成犯罪的，还应当追究其刑事责任。最后，还需要明确建筑物管理人、施工者、作业者的责任，提高建筑物设计施工质量，提高公民道德素质，做到多管齐下，共同发力。

三、相关法律规定

(一)《刑法》相关规定

第291条之二　从建筑物或者其他高空抛掷物品，情节严重的，处一年以下有期徒刑、拘役或者管制，并处或者单处罚金。

有前款行为，同时构成其他犯罪的，依照处罚较重的规定定罪处罚。

(二)《民法典》相关规定

第1254条　禁止从建筑物中抛掷物品。从建筑物中抛掷物品或者从建筑物上坠落的物品造成他人损害的，由侵权人依法承担侵权责任；经调查难以确定具体侵权人的，除能够证明自己不是侵权人的外，由可能加害的建筑物使用人给予补偿。可能加害的建筑物使用人补偿后，有权向侵权人追偿。

物业服务企业等建筑物管理人应当采取必要的安全保障措施防止前款规定情形的发生；未采取必要的安全保障措施的，应当依法承担未履行安全保障义务的侵权责任。

发生本条第一款规定的情形的，公安等机关应当依法及时调查，查清责任人。

(三)最高人民法院《关于依法妥善审理高空抛物、坠物案件的意见》相关规定

第5条　准确认定高空抛物犯罪。对于高空抛物行为，应当根据行为人的动机、抛物场所、抛掷物的情况以及造成的后果等因素，全面考量行为的社会危害程度，准

确判断行为性质,正确适用罪名,准确裁量刑罚。

故意从高空抛弃物品,尚未造成严重后果,但足以危害公共安全的,依照刑法第一百一十四条规定的以危险方法危害公共安全罪定罪处罚;致人重伤、死亡或者使公私财产遭受重大损失的,依照刑法第一百一十五条第一款的规定处罚。为伤害、杀害特定人员实施上述行为的,依照故意伤害罪、故意杀人罪定罪处罚。

第 24 讲　搭便车出事故时司机是否应当对乘客负责？

一、案例导读

李某生与吴某辉系多年好友，两人均在同一公司上班。李某生经常搭乘吴某辉的二轮摩托车上下班，吴某辉未收取李某生任何费用。2020 年 6 月 2 日，吴某辉驾驶摩托车搭载李某生前往上班的途中，与李某发驾驶的重型半挂牵引车发生碰撞，造成李某生、吴某辉受伤及两车不同程度受损。交警部门认定，李某发负本次事故的主要责任，吴某辉负次要责任，李某生不负本次事故责任。事故发生后，李某生被送往医院治疗，造成医疗费等各项损失合计 441, 859. 25 元。

法院认为，该案中李某发负本次交通事故主要责任，吴某辉负次要责任，李某生不负事故责任。根据事故责任比例酌定李某生的损失由李某发承担 70% 的责任，吴某辉承担 30% 的责任。因吴某辉搭载李某生系“好意同乘”的情谊行为，且吴某辉的行为并不构成故意或者重大过失，依据《民法典》第 1217 条的规定，应当减轻吴某辉的赔偿责任，故酌定由吴某辉在其应当承担的赔偿责任的基础上减轻 40%，最终人民法院判决吴某辉赔付李某生 68, 734. 7 元，其余由保险公司（商业险）及李某发负担。

该案中，双方纠纷主要涉及好意同乘（搭便车）情形下的侵权责任承担问题。我国现行法律对于好意同乘情形下的责任承担问题究竟是如何规定的？本讲以下内容将围绕这一问题予以展开。

二、法律知识讲解

（一）制度背景与制度概述

好意搭乘（或称好意同乘）在日常生活中又叫搭便车、搭顺风车，是指非营运机动车驾驶人出于好意或友善互助，无偿地邀请或允许他人搭乘自己车辆的行为。日常生活中如顺路捎带朋友、同事，应陌生人请求顺路带上陌生人等。好意搭乘是一种做好事的行为，发扬了中华民族良好的道德风尚，也彰显了友善的社会主义核心价值观。无偿性、利他性、非拘束性是好意搭乘的重要特征。

好意搭乘在社会生活中大量存在，但好意搭乘交通事故的损害赔偿责任在原《侵权责任法》制定过程中未能形成一致意见，因此未作规定。立法者总结司法经验，在《民法典》第1217条对好意搭乘交通事故的损害赔偿责任进行了规定。

（二）具体内容

1. 好意搭乘行为的性质

学界对好意搭乘的性质存在争议，主要包括利他合同、无因管理和情谊行为三种观点。基于多重考量，我们认为，好意搭乘是情谊行为。从社会实践看，好意搭乘是为他人无偿提供搭乘帮助的行为，在力所能及的范围内为他人提供帮助。此种行为多发生于个人之间，社会生活中大量存在。好意搭乘不追求营利，旨在互帮互助，应积极倡导。在法律上，提供好意搭乘便利的人出于善意，并没有受法律约束的意思。总体来说，好意搭乘作为情谊行为，符合中华民族传统美德和社会主义核心价值观，更有利于形成互帮互助的良好风气，增进社会成员间的相互信任。如果在社会生活中提供无偿搭乘便利的人在提供帮助前必须审慎考量行为后果，则不利于鼓励好人好事，也不利于社会良好风气的营造。

2. 好意搭乘发生交通事故的归责原则

好意搭乘是情谊行为，并非法律行为，一般情况下法律不会介入。如果发生交通事故，发生侵权行为，造成搭乘者人身或财产损害，提供搭乘便利的机动车使用人是否承担侵权责任，适用何种归责原则，是否可减轻责任，是值得讨论的问题。

首先，好意搭乘适用过错责任。我国法律体系中的过错原则是侵权责任的一般原则，除非法律明确规定，否则不能适用无过错原则。我国《道路交通安全法》第76条规定了无过错原则，即机动车与非机动车一方或行人发生交通事故的，原则上由机动车一方负责赔偿。其原因是机动车一方为物理上的强者，相较非机动车一方与行人，机动车一方承担的责任要更重。好意搭乘中机动车驾驶人与乘车人之间并非不对等关系，理应适用过错责任原则。即发生交通事故时，机动车使用人只有在存在过错时才对乘车人承担赔偿责任。

其次，好意搭乘适用减轻责任。在法律上，无偿行为即可适用减轻责任。举重以明轻，作为情谊行为，不在法律调整范围内的好意搭乘造成损害的，自然也应适用减轻责任，减轻提供搭乘的机动车使用人的赔偿责任。好意搭乘一来有利于减轻拥堵，减少空气污染，二来为他人提供了帮助，符合当前建立绿色社会、和谐社会的大环境。如果对好意搭乘中的损害实行全面赔偿，不符合我国民众的价值观，也不利于鼓励民众为他人提供帮助。

最后，存在不适用减轻责任的例外情况。如果行为人具有故意或重大过失，则不能以好意搭乘为由减轻责任。例如，驾驶人在驾车时违反一般安全注意义务，严重违反《道路交通安全法》，严重超速行驶。又如，在不具备驾驶资格时，或驾驶报废车辆时，免费搭载他人，属于严重过错，不能减轻责任。

3. 适用指引

在适用好意搭乘时，要注意以下几个方面：

其一，好意搭乘只适用于非营运机动车。好意搭乘主要指非营运机动车的驾驶人基于好意无偿搭载自己的亲朋好友、邻居、同事的情形。营运车辆出于营利目的，有偿为他人提供搭乘服务的，双方间形成客运合同关系（典型如出租车、网约有偿顺风车属于此种情形），机动车使用人应有较高的注意义务。此种情况下发生交通事故造成乘客损害的，属于该机动车一方责任的，乘客可以基于合同请求机动车驾驶人承担违约责任，也可以依据侵权行为请求机动车驾驶人承担赔偿责任。好意搭乘不适用于营运机动车。出租车或网约车在非营运时间免费搭载他人的，可以参照适用《民法典》第 1217 条规定，即“非营运机动车”包含“处于非营运状态的营运机动车”。

其二，只能减轻而不能免除机动车一方的责任。机动车使用人对好意同乘者的注意义务不因为无偿而完全免除，只是不同于无偿客运合同或者无偿委托合同中的注意义务。好意同乘中发生交通事故造成无偿搭乘人损害，属于机动车一方责任的，应当减轻其赔偿责任，但不可以完全免除，在鼓励人际友善利他与承担法律责任方面寻求平衡。

其三，机动车使用人对无偿乘车人减轻赔偿责任。《民法典》侵权责任编第五章机动车交通事故责任中，仅第 1217 条规定了机动车内责任的分配，其他均是对机动车外人员或财产责任的规定。根据该条规定，减轻的是机动车使用人对无偿乘车人的赔偿责任。交通事故中对机动车外人员或者财产的赔偿责任的承担，适用其他规定。

好意搭乘是人与人间的互助行为,体现了社会互助的美德与良好风尚,应鼓励人们互帮互助。但同时驾驶人也负有相应的注意义务。通俗来说,驾驶人应当谨慎驾驶,遵守道路交通法律法规,保障安全,避免同乘人生命与财产因自己违反一般安全注意义务的驾驶行为受损。当同乘人权益受损时,若驾驶人不存在过错,例如不可抗力、意外事件等导致交通事故的,驾驶人不需要承担责任;若驾驶人存在一般过错,则应当减轻驾驶人的赔偿责任;若驾驶人存在故意或者重大过失,则不应当减轻驾驶人的赔偿责任,例如故意违反交通法规、疲劳驾驶等。

三、相关法律规定

(一)《民法典》相关规定

第1165条　行为人因过错侵害他人民事权益造成损害的,应当承担侵权责任。

依照法律规定推定行为人有过错,其不能证明自己没有过错的,应当承担侵权责任。

第1208条　机动车发生交通事故造成损害的,依照道路交通安全法律和本法的有关规定承担赔偿责任。

第1217条　非营运机动车发生交通事故造成无偿搭乘人损害,属于该机动车一方责任的,应当减轻其赔偿责任,但是机动车使用人有故意或者重大过失的除外。

(二)《道路交通安全法》相关规定

第76条　机动车发生交通事故造成人身伤亡、财产损失的,由保险公司在机动车第三者责任强制保险责任限额范围内予以赔偿;不足的部分,按照下列规定承担赔偿责任:

(一)机动车之间发生交通事故的,由有过错的一方承担赔偿责任;双方都有过错的,按照各自过错的比例分担责任。

(二)机动车与非机动车驾驶人、行人之间发生交通事故,非机动车驾驶人、行人没有过错的,由机动车一方承担赔偿责任;有证据证明非机动车驾驶人、行人有过错的,根据过错程度适当减轻机动车一方的赔偿责任;机动车一方没有过错的,承担不超过百分之十的赔偿责任。

交通事故的损失是由非机动车驾驶人、行人故意碰撞机动车造成的,机动车一方不承担赔偿责任。

第 25 讲　见义勇为产生何种法律效果？

一、案例导读

重庆市渝北区某公司发生火灾。张某系隔壁宾馆的工作人员，发现火灾后使用本单位的消防水带灭火。张某在灭火中不慎从湿滑的梯子上摔落受伤。当日张某住院治疗，产生相关治疗费用，并落下伤残。后张某被重庆市渝北区人民政府评为“渝北区见义勇为先进分子”。但因该公司未进行补偿，张某遂向法院提起诉讼，要求被告支付补偿款。

法院经审理认为，见义勇为是中华民族的传统美德。该案中，张某和该公司均未能举示充分证据证明火灾起因，该公司亦未能举证证明火灾系由他人行为引起，故认定火灾系由房屋自身设施导致。张某为了保护该公司财产权益、减少其财产损失，自愿参与灭火行动，在此过程中不慎摔伤，产生相关费用。该公司因张某的灭火行为而获益，作为受益人应当向张某进行适当补偿。最终法院判决公司补偿张某125，000 元。

该案中，双方纠纷主要涉及见义勇为人员遭受损害时能否要求受益人予以补偿的问题。我国现行法律对于见义勇为中的责任问题究竟是如何规定的？本讲以下内容将围绕这一问题予以展开。

二、法律知识讲解

（一）见义勇为的认定

为了弘扬社会主义核心价值观，避免见义勇为人员“流血又流泪”的情形发生，

《民法典》第 183 条对见义勇为人员受到损害后的民事救济问题作了明确规定。所谓见义勇为,是指在没有法定或者约定义务的前提下,为了保护他人的人身、财产权益,制止各种侵权行为、意外事件的救助行为。一般认为,认定见义勇为应当满足以下条件:

第一,行为人没有法定或者约定的义务。若行为人具有消防员或者医生的身份,其救火或者救人的行为属于履行自己的职务,不属于见义勇为;若行为人系保姆,负责照顾老人,其与老人之间存在合同关系,此时保姆的救助行为也不属于见义勇为。

第二,行为人的主观目的是保护他人的民事权益。此处需要注意两点:一方面,为了保护自己的合法权益不受侵害而实施的自卫行为不属于见义勇为,可能构成正当防卫或紧急避险;另一方面,《民法典》将原《民法通则》对见义勇为的表述"因防止、制止国家的、集体的财产或者他人的财产、人身遭受侵害"修改为"保护他人民事权益",仍不影响将保护国家、集体的财产或者安全利益的行为认定为见义勇为。

第三,行为人因为实施了保护他人民事权益的见义勇为行为而遭受损害,两者必须存在法律上的因果关系。此处的"损害"包括人身损害和财产损害。

(二)见义勇为人员遭受损害时的救济路径

根据《民法典》第 183 条的规定,见义勇为人员遭受损害时,根据不同情况,存在如下救济路径:

第一,在制止他人的侵权行为而实施见义勇为的情形中,侵权人对见义勇为人员造成损害的,见义勇为人员有权要求侵权人对自己承担侵权赔偿责任。同时考虑到受益人的权益因为见义勇为人员的付出免受或少受了损害,出于公平,受益人也可以给予适当补偿。《民法典》第 183 条规定:"因保护他人民事权益使自己受到损害的,由侵权人承担民事责任,受益人可以给予适当补偿……"

第二,在实践中,有时侵权人逃逸,或找到侵权人但侵权人根本没有赔偿能力,或者根本不存在侵权人,此时若不规定见义勇为人员的救济途径,将在很大程度上削弱人们见义勇为的积极性。在这些情形中,公平价值被放在了首位,法律要优先保护见义勇为人员的利益。《民法典》第 183 条要求受益人应当承担补偿责任:"没有侵权人、侵权人逃逸或者无力承担民事责任,受害人请求补偿的,受益人应当给予适当补偿。”应当注意的是，确实不存在侵权人或者侵权人确实已经逃逸，或者侵权人确实无力赔偿，是见义勇为人员行使法定补偿请求权的必要条件；如果不符合该条件，那么见义勇为人员须向侵权人请求赔偿，而不能向受益人请求。根据最高人民法院《关于适用〈中华人民共和国民法典〉总则编若干问题的解释》第 34 条的规定，法院可以根据见义勇为人员所受损失和已获赔偿的情况、受益人受益的多少及其经济条件等因素确定受益人承担的补偿数额。

（三）见义勇为行为损害受助人时的法律责任

当见义勇为人员造成受助人损害时，见义勇为人员需要承担民事责任吗？《民法典》第 184 条对该问题作出了规定：“因自愿实施紧急救助行为造成受助人损害的，救助人不承担民事责任。”自愿实施紧急救助行为，是典型的见义勇为样态，它是指行为人针对紧急情势，及时对遭受困难的人予以救助的情形；这里的紧急情势既可能是不法侵害，也可能是受助人突发疾病、个人危难等情形。值得注意的是，见义勇为行为造成受助人损害时，见义勇为人员能够免责的前提条件即“救助情形必须具有紧急性”。一般认为，此处的“紧急性”指受助人需要立即予以施救，否则会造成难以弥补的损失的场合，通常是对受助人的人身予以救助。

依据《民法典》第 184 条规定，自愿实施紧急救助行为属于侵权法中的免责事由，对损害不承担民事责任。这样规定是为了消除见义勇为人员的后顾之忧，倡导见义勇为、乐于助人的社会风气。

三、相关法律规定

（一）《民法典》相关规定

第 183 条　因保护他人民事权益使自己受到损害的，由侵权人承担民事责任，受益人可以给予适当补偿。没有侵权人、侵权人逃逸或者无力承担民事责任，受害人请求补偿的，受益人应当给予适当补偿。

（二）最高人民法院《关于适用〈中华人民共和国民法典〉总则编若干问题的解释》相关规定

第 34 条　因保护他人民事权益使自己受到损害，受害人依据民法典第一百八十三条的规定请求受益人适当补偿的，人民法院可以根据受害人所受损失和已获赔偿的情况、受益人受益的多少及其经济条件等因素确定受益人承担的补偿数额。

四、法律知识拓展

就见义勇为人员来说,除寻求民事救济外,还可以寻求行政补偿。国家一向重视对见义勇为人员的保护和救济,根据国务院办公厅转发民政部等部门《关于加强见义勇为人员权益保护意见的通知》,见义勇为人员享有以下优待:

对见义勇为死亡人员,凡符合烈士评定条件的,依法评定为烈士,其家属按照《烈士褒扬条例》享受相关待遇。不符合烈士评定条件,属于因公牺牲情形的,按照《军人抚恤优待条例》有关规定予以抚恤;属于视同工伤情形的,享受一次性工亡补助金以及相当于本人40个月工资的遗属特别补助金,其中一次性工亡补助金由工伤保险基金按有关规定支付,遗属特别补助金由当地财政部门安排,民政部门发放。不属于上述情形的,按照上一年度全国城镇居民人均可支配收入的20倍加40个月的中国人民解放军排职少尉军官工资标准发放一次性补助金,有工作单位的由所在单位落实待遇;无工作单位的由民政部门会同见义勇为基金会负责发放,所需资金通过见义勇为专项基金统筹解决;尚未建立见义勇为专项基金的,由当地财政部门安排,民政部门发放。

对见义勇为致残人员,凡符合享受工伤保险待遇条件的,依据《工伤保险条例》落实相应待遇;不符合享受工伤保险待遇条件的,按照《伤残抚恤管理办法》及有关规定,由民政部门评定伤残等级并落实相应待遇。

一些地方法规也根据当地实际情况,对实施见义勇为的行为人给予特殊保护和优待。以浙江省为例,根据《浙江省见义勇为人员奖励和保障条例》第6条的规定,由见义勇为行为发生地的公安机关负责见义勇为行为的确认。根据该条例第9条的规定,有下列情形之一的,县级以上人民政府应当予以奖励:"(一)同违法犯罪行为作斗争,事迹突出的;(二)主动协助公安、司法机关追捕犯罪嫌疑人或者脱逃犯,事迹突出的;(三)在排除治安灾害事故中,事迹突出的;(四)在与突发性自然灾害作斗争中,事迹突出的;(五)其他符合本条例第二条第二款规定,事迹突出的。"根据该条例第10条的规定:"县级以上人民政府对见义勇为人员应当根据其事迹和贡献,分别给予下列表彰或者奖励:(一)嘉奖;(二)记三等功、二等功、一等功;(三)授予荣誉称号。"根据该条例第14条的规定,有关单位可以对见义勇为人员颁发奖金和给予其他奖励。

根据《浙江省见义勇为人员奖励和保障条例》第16条的规定,见义勇为伤亡人员的医疗费、误工费、残疾生活补助费及丧葬费等费用，由行为发生地县（市、区）公安机关监督加害人或者其监护人及时支付。见义勇为伤亡人员参加基本医疗、工伤保险的，行为发生地县（市、区）公安机关可以根据情况书面通知社会保险机构先行支付有关费用。无加害人、加害人或者其监护人确实无力支付或者社会保险机构按照规定支付后仍不足以支付的，有关费用由行为发生地县（市、区）人民政府解决。根据该条例第 17 条的规定，国家机关、社会团体、企业事业单位职工因见义勇为而误工的，用人单位应当按照规定发给其工资、奖金以及其他福利待遇。其他人员因见义勇为而误工的，由行为发生地县（市、区）人民政府给予适当补助。根据该条例第 19 条的规定，受到二等功以上奖励的见义勇为人员和见义勇为牺牲人员的配偶、子女，享有就业、入学等方面的优先待遇。

第26讲　饲养动物伤人情况下饲养人或管理人应当如何承担责任？

一、案例导读

成某及其女友因故与刘某发生争执，刘某携带的犬只（犬种：卡斯罗）对成某扑咬。事发后，成某至医院就诊，接受注射狂犬疫苗、破伤风疫苗等治疗措施，并自行至药店购买医用胶布、碘伏棉球等医疗用品。成某向法院起诉，请求刘某赔偿医疗费、误工费、营养费等各项损失。

法院审理认为，禁止饲养的烈性犬等危险动物造成他人损害的，动物饲养人或者管理人应当承担侵权责任。该案中刘某饲养的犬只至事发前一年未办理犬类饲养证验证手续，同时该小区属于本市重点限养区，刘某饲养的意大利卡斯罗犬属于本市重点限养区禁养犬的品种，故刘某作为动物饲养人应对成某的损失承担全部赔偿责任。

该案中双方纠纷主要涉及饲养动物侵权中的责任承担问题。我国现行法律对于动物侵权情形下的责任承担问题究竟是如何规定的？本讲以下内容将围绕这一问题予以展开。

二、法律知识讲解

《民法典》侵权责任编第九章共用7个条文系统规定了饲养动物致人损害时的责任承担问题，不同的情形适用不同的归责原则和免责事由，尽可能维护公共安全。

（一）关于饲养动物致人损害的一般规定

动物致人损害适用无过错责任，即不论饲养人是否具有过错，只要所饲养动物侵害他人，饲养人就应当承担相应责任。这一规定的目的就是要督促动物饲养人认真、负责地担负起全面的注意、防范义务，以保护公众的安全。一般认为，饲养的动物致人损害承担责任须满足以下条件：第一，属于饲养的动物；第二，动物确实存在加害行为；第三，动物的加害行为已经造成他人损害，加害行为与损害结果之间存在因果关系。通常认为，此处“饲养的动物”，是指家养宠物、牲畜、家禽、动物园中的动物、实验室的动物等，判断关键在于该动物是否属于饲养人或者管理人的责任领域。对于自然保护区或者野生动物保护区的野兽，虽然人们可能在一定程度上对其进行饲养或者管理，如定期投放食物，甚至为其生存和繁殖提供了适宜的条件和环境，但人们对它的控制力较低。因此，野生动物不属于《民法典》中的“饲养的动物”。对于临时收留的流浪狗、流浪猫，即使饲养时间短暂，缺乏固定场所或设施，也可认定属于“饲养的动物”。

在适用无过错责任的同时，《民法典》规定了饲养人的免责事由。饲养人能够证明损害是因被侵权人故意或者重大过失造成的，可以不承担或者减轻责任。在动物致害中，有时被侵权人故意或者重大过失是引起损害的全部或者主要原因。也就是说被侵权人的损害，是因自己挑逗、刺激等诱发动物的行为直接造成的。如果被侵权人的行为不足以诱发动物，其过失只是引起损害的部分原因或者次要原因，则不能认为被侵权人在该损害中存在故意或者重大过失。被侵权人的行为是否存在故意或者重大过失，在不同的案件中应根据具体情况判断。在动物侵权案件中，对于被侵权人有故意或者重大过失的认定是非常严格的。如果任何主动接近动物的行为都被认定为故意或者重大过失的行为，那就会造成对动物饲养人或者管理人的偏袒，有失公平。

值得注意的是，动物的饲养人、管理人都是责任主体。动物的饲养人一般是指动物的所有人；动物的管理人则是指实际控制和管束动物的人，管理人对动物不享有所有权，而只是根据某种法律关系直接控制动物。在实际生活中，动物的饲养人与管理人可以是同一人，也可以是不同人。当是同一人时，责任主体自然是饲养人和管理人；当动物的饲养人与管理人为不同人时，管束动物的义务由饲养人转移给了管理人，这时的责任主体应为管理人。至于管理人是有偿管理还是无偿管理，是长期管理还是临时管理，在所不问。

此外，如果动物致人损害是由第三人过错引发，此时被侵权人可以向动物饲养人或者管理人请求赔偿，也可以向第三人请求赔偿。也就是说，受害人此时享有选择权。第三人的过错和行为导致受害人损害时,立法者仍赋予受害人向动物饲养人或管理人请求赔偿的权利,主要考虑第三人逃逸或者第三人无力赔偿的情形。为了更好地保护受害人的权利,保证其损害得到及时救济,立法将动物饲养人、管理人纳入责任主体的范围。如果被侵权人选择了向动物饲养人或者管理人主张赔偿责任,动物饲养人或管理人承担赔偿责任后,也有权向第三人追偿。也就是说,在这种情况下,最终承担责任的应该是导致侵权发生的第三人。举例而言,张三朝李四家的狗丢石头,导致狗狗对张三发动攻击并咬伤了身边的王五,此时王五既有权要求张三对自己承担赔偿责任,也能要求李四对自己承担赔偿责任,如果最终张三选择李四承担责任,那么李四担责后能够向张三追偿。

(二)违反规定未对动物采取安全措施造成他人损害时的责任承担

随着饲养宠物的人数不断增多,社会上无序养宠物、违规养宠物的情况日益突出,动物伤人的事件呈上升趋势。基于这一问题的严重性,《民法典》对违规饲养动物致人损害的侵权责任作了严格的规定,无论动物饲养人或者管理人是否存在过错,只要违规饲养人违反管理规定未对动物采取安全措施,饲养人就应该对未采取安全措施导致的动物侵权负责。而且,为了突出管理,饲养人的责任也相对一般的动物侵权更重:对于未采取安全措施的饲养人侵权,法律只规定了减责事由而没有规定免责事由。具体而言,如果损害是因受害人的故意造成的,只能减轻加害人的责任,但是并不能完全免除;如果损害是因受害人的一般过失乃至重大过失造成的,仍不能减轻加害人的责任,加害人依然需要承担全部的赔偿责任。原因在于动物饲养人或者管理人违反规定在先,过错程度较高,即使受害人具有过失,也不能完全抵消动物饲养人或管理人的过错。

值得注意的是,此处的“违反管理规定”内涵非常丰富,包括以中央和地方名义颁布的关于饲养动物的各类法律规范,并不限于法律、行政法规、地方性法规和规章,其他规范性文件也能算在内。以养犬为例,从饲养动物的主体资格,到日常管理,再到危险预防,各省市都作出了具体而细致的规定。例如,在北京,饲养人要有合法身份证明、有完全民事行为能力、有固定住所且独户居住;饲养人需办理登记手续取得行政许可后方能养犬,并定期检查和缴费;需定期给动物进行防疫处理;等等。如果饲养人违反相应的管理规定与动物侵权之间存在因果关系,就应该认定为此类侵权。

(三)禁止饲养的烈性犬等危险动物致人损害时的责任承担

为确保公民的人身安全,《民法典》对危险动物伤人的侵权行为作出了非常严格的规定,只要饲养禁止饲养的烈性犬等危险动物并造成他人损害,动物饲养人或者管理人就应当承担侵权责任,没有任何免责事由可以援引。也就是说,即便受害人对于自身遭受的损害存在故意或者重大过失等过错,也不能减免动物饲养人或者管理人的责任,因为法律本来就不允许饲养烈性犬等危险动物,公民违反法律的规定饲养此种动物本身就值得苛责。

当然,禁止饲养的动物通常都有明确的类型,《民法典》第 1247 条列举烈性犬作为危险动物的代表,是因为烈性犬是日常生活中较常见的危险动物。实际上禁止饲养的危险动物的范围非常广泛,除犬类外,还包括凶猛的野生动物,比如老虎、狮子、各类毒蛇等。需要注意的是,经过特别许可后,有些危险动物就不再属于"禁止饲养"的范畴。例如,特定单位饲养的军犬、警犬、护卫犬、科研医疗实验用犬、表演道具犬,经过批准以后就不属于禁止饲养的危险动物。

(四)动物园的动物致人损害时的责任承担

我国现行法律对动物园的动物致人损害的责任承担采取了特殊的保护立场,法律只是假定加害人也就是动物园对动物致人损害的事实具有过错,如果动物园能够证明自己尽到了管理职责,那么就不需要承担责任。当然,动物园是否尽到了管理职责需要坚持个案判断的原则,由法官判断。如果动物园的设施、设备存在瑕疵,或者没有设置明显的警示牌,或者管理人员对游客挑逗动物、翻越栏杆的行为没有及时劝阻,这些都是未尽到管理职责的典型情形。

当然,当受害人对损害的发生本身就具有过错时,动物园一方的责任也应当得以减轻或者免除。因为动物园的动物致害责任毕竟属于过错责任,受害方和加害方都具有过错时可以加以抵消。

(五)遗弃、逃逸动物致人损害的责任承担

遗弃的动物,是指动物原主人主动放弃所有权的动物;逃逸的动物,是指原主人意志外丧失占有的动物。无论是主动放弃,还是被动丧失,只要客观上动物脱离了原主人的控制范围,造成他人损害,都应当由动物原饲养人或者原管理人承担责任。基于动物的危险属性和主人负有的注意义务,法律此时倾向于保护受害人的利益,况且在动物逃逸的场合,动物的所有权依旧属于原主人,原主人理应承担责任。当然,如果动物在遗弃、逃逸后重新被人占有、饲养，此时就应当由新的饲养人或者管理人承担责任，而不再属于遗弃、逃逸动物致人损害的情形。

三、相关法律规定

《民法典》相关规定

第 1245 条　饲养的动物造成他人损害的，动物饲养人或者管理人应当承担侵权责任；但是，能够证明损害是因被侵权人故意或者重大过失造成的，可以不承担或者减轻责任。

第 1246 条　违反管理规定，未对动物采取安全措施造成他人损害的，动物饲养人或者管理人应当承担侵权责任；但是，能够证明损害是因被侵权人故意造成的，可以减轻责任。

第 1247 条　禁止饲养的烈性犬等危险动物造成他人损害的，动物饲养人或者管理人应当承担侵权责任。

第 1248 条　动物园的动物造成他人损害的，动物园应当承担侵权责任；但是，能够证明尽到管理职责的，不承担侵权责任。

第 1249 条　遗弃、逃逸的动物在遗弃、逃逸期间造成他人损害的，由动物原饲养人或者管理人承担侵权责任。

第 1250 条　因第三人的过错致使动物造成他人损害的，被侵权人可以向动物饲养人或者管理人请求赔偿，也可以向第三人请求赔偿。动物饲养人或者管理人赔偿后，有权向第三人追偿。

第 1251 条　饲养动物应当遵守法律法规，尊重社会公德，不得妨碍他人生活。

第 27 讲　出租、出借车辆可能带来何种法律后果？

一、案例导读

何某无有效机动车驾驶证饮酒后驾驶小型轿车，当车行驶至某路段时，与前方同向行驶的由郑某驾驶的无号牌二轮电动轻便摩托车(后座乘坐黄某)发生追尾碰撞，造成黄某当场死亡、郑某受伤，两车受损的交通事故。经公安局交通警察大队认定，何某发生交通事故后逃逸，负此次事故的全部责任，郑某、黄某无责任。何某所驾驶车的登记车主为陈某。事故当天，陈某明知何某无有效机动车驾驶证，在与何某一起共同饮酒后将机动车出借给何某而发生交通事故。经查，该车已投保交强险以及第三者责任险。

人民法院经审理认为，根据已查明的事实可知，何某负此次事故的全部责任，依法承担全部赔偿责任。陈某明知何某无有效机动车驾驶证，在与何某一同饮酒后将机动车出借给何某而发生交通事故，其作为事故车辆所有人，对损害的发生存在重大过错，依法应当承担赔偿责任。对于交强险责任限额范围外的部分，陈某与何某依法承担连带赔偿责任。

该案中，双方纠纷主要涉及车辆出借人应否对借用人导致的交通事故承担法律责任的问题。我国现行法律对出租、出借车辆发生事故情况下的责任承担问题究竟是如何规定的？本讲以下内容将围绕这一问题予以展开。

二、法律知识讲解

(一)相关概念的界定

1. 何为机动车

机动车,是指以动力装置驱动或牵引、上道路行驶的供人员乘用或用于运送物品以及进行工程专项作业的轮式车辆。机动车包括拖车。

2. 何为非机动车

非机动车,是指以人力或畜力驱动、上道路行驶的交通工具,以及虽有动力装置驱动,但设计最高时速(每小时20千米以下)、空车质量、外形尺寸符合国家标准的残疾人机动轮椅车、电动自行车等交通工具。

3. 何为道路

道路,是指公路、城市道路和虽然在单位管辖范围内,但允许社会车辆通行的地方,包括公共广场、公共停车场等用于公众通行的场所。

(二)机动车所有人、管理人何时应承担责任

在通常情况下,机动车的所有人就是机动车的使用人,在特殊情况下(比如将自己的机动车借给他人使用)发生事故时,究竟应当由谁承担责任呢?

在法律上,出租、出借机动车给他人的情形属于机动车的所有人、管理人与使用人不是同一人的情形。在此种情形下,发生交通事故的,属于机动车一方责任的,原则上应当由机动车的使用人承担责任,也就是实际驾驶机动车的人承担责任;出租或出借机动车的一方仅在对损害的发生有过错时才承担相应的赔偿责任。俗话说,"冤有头,债有主"。机动车使用人承担责任的法理基础是"危险开启理论"和"危险控制理论"。

也就是说,责任应当由开启以及控制危险的人承担。机动车实际使用人的驾驶行为对周围环境具有一定的危险性,机动车的所有人、管理人将车辆出租或出借后,就丧失了对该车辆的实际控制力,由机动车的使用人实际支配和控制车辆并享有使用机动车带来的利益,故车辆使用人应为首要责任承担主体,机动车所有人、管理人仅在有过错的情形下承担相应责任。举例而言,当甲把车借给乙,乙在公路上疲劳驾驶发生事故,导致路人丙受伤。在此情况下,因为事故发生时乙作为驾驶员,控制着车辆,因此需要对事故的发生承担责任,而甲在事故发生时并没有控制车辆,所以不承担责任。但是,如果甲明知道自己的车刹车有问题,仍然在没有告诉乙的情况下把

车借给乙,乙在公路上驾驶车辆的过程中因为刹车不灵发生事故,导致路人丙受伤。在此情况下,乙作为事故发生时车辆的实际驾驶人应当承担责任,甲虽然在事故发生时没有控制车辆,但是对事故的发生存在过错,应当承担相应的赔偿责任。

在哪些情况下可以认定出租或者出借机动车的一方对损害发生有过错?根据法律规定,以下情形应当认定出租或出借人对损害的发生有过错:(1)知道或者应当知道机动车存在缺陷,且该缺陷是交通事故发生原因之一的;(2)知道或者应当知道驾驶人无驾驶资格或者未取得相应驾驶资格的;(3)知道或者应当知道驾驶人因饮酒、服用国家管制的精神药品或者麻醉药品,或者患有妨碍安全驾驶机动车的疾病等依法不能驾驶机动车的;(4)其他应当认定机动车所有人或者管理人有过错的。

(三)机动车所有人、管理人应承担何种责任

如果机动车的所有人、管理人对损害的发生有过错,应当承担相应的责任,此处的"相应的责任"应当认为,机动车所有人、管理人的责任应与其过错大小与程度相适应。如果损害完全由机动车所有人、管理人的过错造成,则由该机动车所有人、管理人承担全部的责任;如果机动车所有人、管理人的过错对损害发生具有重大的、决定性的影响,则应当由其承担主要责任;如果机动车所有人、管理人的过错对损害发生具有次要作用,则承担较少份额的责任。在机动车的所有人、管理人有过错的情形下,机动车使用人承担的赔偿责任和所有人、管理人应当承担的相应责任之和应当等于被侵权人依法应当得到的全部损害赔偿,因机动车的使用人和所有人、管理人是对各自的过错承担责任,机动车使用人与所有人、管理人各自承担责任后不发生相互追偿。

三、相关法律规定

(一)《民法典》相关规定

第 1209 条　因租赁、借用等情形机动车所有人、管理人与使用人不是同一人时,发生交通事故造成损害,属于该机动车一方责任的,由机动车使用人承担赔偿责任;机动车所有人、管理人对损害的发生有过错的,承担相应的赔偿责任。

(二)最高人民法院《关于审理道路交通事故损害赔偿案件适用法律若干问题的解释》相关规定

第 1 条　机动车发生交通事故造成损害,机动车所有人或者管理人有下列情形之一,人民法院应当认定其对损害的发生有过错,并适用民法典第一千二百零九条的

规定确定其相应的赔偿责任：

（一）知道或者应当知道机动车存在缺陷，且该缺陷是交通事故发生原因之一的；

（二）知道或者应当知道驾驶人无驾驶资格或者未取得相应驾驶资格的；

（三）知道或者应当知道驾驶人因饮酒、服用国家管制的精神药品或者麻醉药品，或者患有妨碍安全驾驶机动车的疾病等依法不能驾驶机动车的；

（四）其他应当认定机动车所有人或者管理人有过错的。

四、法律知识拓展

（一）道路交通事故责任的理赔顺序

依照《民法典》第1213条的规定，机动车发生交通事故致人损害成立侵权，机动车依照《道路交通安全法》第76条应当承担侵权责任的，赔偿顺序如下：首先，该机动车参加机动车第三者责任强制保险的，则应当由保险人在机动车强制保险责任限额范围内先予以赔偿。其次，如果机动车第三者责任强制保险不足以弥补受害人的损失，则由机动车第三者责任商业保险（如果之前已投保）依照保险合同的约定进行赔偿。最后，如果保险金不足以弥补损失，则应当由对交通事故承担责任的人（侵权人）对受害人承担侵权损害赔偿责任。

（二）交强险的赔偿范围以及不投保交强险应当承担的责任

关于交强险的理赔限额，在中华人民共和国境内（不含我国港澳台地区），被保险人在使用被保险机动车过程中发生交通事故，致使受害人遭受人身伤亡或者财产损失，依法应当由被保险人承担的损害赔偿责任，每次事故责任限额为：死亡伤残赔偿限额18万元，医疗费用赔偿限额1.8万元，财产损失赔偿限额0.2万元。被保险人无责任时，死亡伤残赔偿限额1.8万元，医疗费用赔偿限额1800元，财产损失赔偿限额200元。

根据《机动车交通事故责任强制保险条例》第2条第1款规定，在中华人民共和国境内道路上行驶的机动车的所有人或者管理人，应当依照《道路交通安全法》的规定投保机动车交通事故责任强制保险。机动车的所有人、管理人违反本条款规定，未投保交强险的，根据该条例第38条的规定，由公安机关交通管理部门扣留机动车，通知机动车所有人、管理人依照规定投保，处依照规定投保最低责任限额应缴纳的保险费的2倍罚款。此外，在发生机动车交通事故时，根据最高人民法院《关于审理道路交通事故损害赔偿案件适用法律若干问题的解释》第 16 条的规定,未依法投保交强险的机动车发生交通事故造成损害,当事人请求投保义务人在交强险责任限额范围内予以赔偿的,人民法院应予支持。投保义务人和侵权人不是同一人,当事人请求投保义务人和侵权人在交强险责任限额范围内承担相应责任的,人民法院应予支持。

(三)出租车发生机动车交通事故时的责任承担

出租车发生机动车交通事故时责任如何承担,需要根据出租车司机与出租车公司之间的法律关系而定。一般来说,出租车司机与出租车公司之间存在两种经营模式:一种是公司制,即出租车的经营权和所有权归属于出租车公司,司机按照承包合同缴纳相应的承包费;另一种是挂靠制,司机实际出钱购买车辆,挂靠在出租车公司名下,公司拥有出租车经营权和名义上的所有权。

出租车司机致人损害的,如果采取公司制,《民法典》第 1191 条第 1 款规定:“用人单位的工作人员因执行工作任务造成他人损害的,由用人单位承担侵权责任。用人单位承担侵权责任后,可以向有故意或者重大过失的工作人员追偿。”据此,应当由出租车公司承担用人单位责任,如果出租车司机存在故意或者重大过失,出租车公司可以向司机追偿。如果采取挂靠制,《民法典》第 1211 条规定:“以挂靠形式从事道路运输经营活动的机动车,发生交通事故造成损害,属于该机动车一方责任的,由挂靠人和被挂靠人承担连带责任。”此时,应当由出租车司机和出租车公司承担连带责任。

第28讲　体育比赛中遭受损害时能否要求赔偿?

一、案例导读

宋某、周某均为羽毛球业余爱好者,自2015年起自发参加羽毛球比赛。2020年4月28日上午,宋某、周某与案外四人在某公园内露天场地进行羽毛球3对3比赛,宋某与周某异队。运动中,宋某站在发球线位置接对方网前球后,将球回挑到周某方中场,周某迅速杀球进攻,宋某直立举球拍防守未果,被羽毛球击中右眼。事发后,宋某至医院就诊治疗,截至2020年7月6日,宋某支付医疗费共7170.73元。宋某诉至法院,要求周某赔偿医疗费、护理费、住院伙食补助费、营养费等各项费用。

人民法院经审理认为,竞技体育运动不同于一般的生活领域,主要目的即争胜,此类运动具有对抗性、人身危险性的特点,参与者均处于潜在危险中,既是危险的潜在制造者,也是危险的潜在承担者。羽毛球运动系典型的对抗性体育竞赛,除扭伤、拉伤等常规风险外,更突出的风险即在于羽毛球自身体积小、密度大、移动速度快,运动员若未及时作出判断即会被击中,甚至被击伤。宋某作为多年参与羽毛球运动的爱好者,对于自身和其他参赛者的能力以及此项运动的危险和可能造成的损害,应当有所认知和预见,而宋某仍自愿参加比赛,将自身置于潜在危险之中,属于自甘风险的行为。依照《民法典》第1176条第1款的规定,只有周某对宋某受伤的损害后果存在故意或重大过失时,才需要承担侵权损害赔偿责任。该案中,周某杀球进攻的行为系该类运动的正常技术动作,周某并不存在明显违反比赛规则的情形,不应认定其存在重大过失,且现行法律未就该案所涉情形适用公平责任予以规定,故宋某无权主张周某承担赔偿责任或分担损失。

该案中，双方当事人的主要争议问题是，周某是否需要对宋某在体育比赛中遭受的损害承担赔偿责任？

该案中，双方纠纷主要涉及体育竞技中的责任承担问题。我国现行法律对体育竞技的责任承担问题究竟是如何规定的？本讲以下内容将围绕这一问题予以展开。

二、法律知识讲解

（一）自甘风险制度

《民法典》第 1176 条确立了文体活动中的自甘风险规则。所谓自甘风险，如果某人是自愿主动地参加某种具有一定风险的文体活动，其在该文体活动中遭受了损害，原则上这种损害是不能要求一起参加文体活动的其他参加者赔偿的，除非损害是由其他参加者故意导致的。

（二）我国法律规定自甘风险制度的价值

当前我国正在部署和推进体育强国建设，国家鼓励、支持和引导越来越多的人积极参与到体育运动中来，以提升国民的身体素质和健康状况。体育活动，尤其是竞技体育活动，具有一定的风险，人们可能在正常的体育运动中遭受伤害。在以往的司法实践中，由于缺乏明确的法律规范，法院往往按照所谓的“公平原则”选择回避，对没有过错的当事人施加一定的损害赔偿责任，这既不利于彰显法律的公平正义，也不利于文体活动的正常开展。《民法典》第 1176 条的规定亮明了司法态度，宣示了参加者须对自己行为负责的规则，不仅有利于弘扬社会主义核心价值观，促进文体活动的健康有序发展，而且为《民法典》新规则的实施提供了有益的司法经验。

（三）什么情况下可以适用自甘风险？

按照《民法典》第 1176 条的规定，适用自甘风险规则需要满足以下条件：

第一，受害人应当是自愿参加具有一定风险的文体活动，并且了解文体活动本身含有的风险。一方面，受害人必须自愿参加，而非被迫参加。受害人的自愿性就表明了受害人明确知道该文体活动具有危险且愿意接受该危险，因此令受害人自担风险并无不当。另一方面，受害人参加的是文体活动，否则不适用该规则。例如，明知他人醉酒而乘坐他人机动车的，不能适用该规则。

第二，受害人遭受损害是因为活动过程中的正常风险（如足球运动员因其他运动员的合理冲撞而受伤）。

第三，其他参与者没有故意或者重大过失。这里的其他参与者，即与受害人一起参加文体活动的人。受害人自愿承担的风险应当是该文体活动潜在的、正常的风险，如果其他参与者故意或者重大过失导致受害人遭受人身损害或者财产损害，则不属于文体活动中的正常风险，不应适用该规则，应当根据《民法典》第1165条追究侵权人的侵权责任。

举例说明：某大学组织篮球比赛中，B队的李某上篮时与防守的A队队员赵某相撞，赵某的胳膊因此受伤。A队的刘某见状很愤怒，用力将篮球砸向李某，因此导致李某鼻梁骨折。

在此情况下，赵某的受伤属于文体活动中的正常风险，赵某属于自甘风险，因此对于赵某鼻子遭受的损害，无权请求李某赔偿；而刘某故意将篮球砸向李某的行为属于故意导致李某遭受损伤，不属于文体活动中的正常风险，李某有权要求刘某赔偿。

（四）风险活动组织者应否承担责任

风险活动组织者是否需要对在文体活动中遭受损害的一方承担赔偿责任？自甘风险规则免除的是文体活动中其他参与者对受害者的赔偿责任，这并不意味着免除了所有人对受害人的责任。根据《民法典》第1176条第2款的规定，风险活动组织者的责任并不当然免除，而是需要根据《民法典》第1198条至第1201条的规定处理。

首先，对于一般的风险活动组织者，根据《民法典》第1198条的规定，其负有安全保障义务，也就是说，这些具有一定风险的文体活动的组织者和管理者应当保障参与者的人身财产安全，采取必要的防范和救助措施，避免参与者遭受损害。体育运动的组织者疏于采取防范或者救助措施导致他人在体育运动中遭受损害的，根据《民法典》第1198条第1款的规定，应当向受害者承担侵权责任。例如，学员参加篮球训练营时因正常训练受伤，篮球训练营的组织者负安全保障义务，组织者在未对学员进行测评的情况下，将运动能力差异较大的两人分配在一组进行训练，属于未尽安全保障义务，因此造成他人损害的，应当承担侵权责任。

其次，如果风险活动的组织者是教育机构，其负担更重的安全保障义务。根据《学生伤害事故处理办法》第15条的规定，学生发生伤害事故，学校应当及时救助受伤学生，并应当及时告知未成年学生的监护人；有条件的，应当采取紧急救援等方式救助。根据《民法典》第1199条的规定，无民事行为能力人（8周岁以下的未成年人以及完全不能辨认自己行为的成年人）在幼儿园、学校或者其他教育机构学习、生活期间受到人身损害的，教育机构负担过错推定责任，即必须由教育机构证明自己尽到教育、管理职责，否则教育机构就要对无民事行为能力人遭受的损害负责。根据《民法典》第 1200 条的规定，限制民事行为能力人（8 周岁以上的未成年人以及不能完全辨认自己行为的成年人）在学校或者其他教育机构学习、生活期间受到人身损害，学校或者其他教育机构承担一般过错责任，即未尽到教育、管理职责的，应当承担侵权责任。

三、相关法律规定

《民法典》相关规定

第 1176 条　自愿参加具有一定风险的文体活动，因其他参加者的行为受到损害的，受害人不得请求其他参加者承担侵权责任；但是，其他参加者对损害的发生有故意或者重大过失的除外。

活动组织者的责任适用本法第一千一百九十八条至第一千二百零一条的规定。

第 1198 条　宾馆、商场、银行、车站、机场、体育场馆、娱乐场所等经营场所、公共场所的经营者、管理者或者群众性活动的组织者，未尽到安全保障义务，造成他人损害的，应当承担侵权责任。

因第三人的行为造成他人损害的，由第三人承担侵权责任；经营者、管理者或者组织者未尽到安全保障义务的，承担相应的补充责任。经营者、管理者或者组织者承担补充责任后，可以向第三人追偿。

第 1199 条　无民事行为能力人在幼儿园、学校或者其他教育机构学习、生活期间受到人身损害的，幼儿园、学校或者其他教育机构应当承担侵权责任；但是，能够证明尽到教育、管理职责的，不承担侵权责任。

第 1200 条　限制民事行为能力人在学校或者其他教育机构学习、生活期间受到人身损害，学校或者其他教育机构未尽到教育、管理职责的，应当承担侵权责任。

第 1201 条　无民事行为能力人或者限制民事行为能力人在幼儿园、学校或者其他教育机构学习、生活期间，受到幼儿园、学校或者其他教育机构以外的第三人人身损害的，由第三人承担侵权责任；幼儿园、学校或者其他教育机构未尽到管理职责的，承担相应的补充责任。幼儿园、学校或者其他教育机构承担补充责任后，可以向第三人追偿。

第五部分
日常生活中的其他纠纷处理

第 29 讲　分手后要求对方分担恋爱期间支出是否合理?

一、案例导读

马某与徐某于 2017 年 5 月确定恋爱关系,确定恋爱关系后,双方共同生活居住,存在多笔资金往来。2019 年年初,双方商定 2020 年结婚,为此马某在沈阳购买了一套婚房。但是,在 2019 年年底,双方感情出现裂痕,徐某于 2020 年 1 月搬离马某住所,双方分手。基于上述事实,马某将徐某诉至法院,马某认为自己以结婚为目的向徐某赠送了各种财物共计 27,606.88 元,徐某应返还给马某。徐某认为自己恋爱期间向马某转账共计 33,684 元,为马某购买苹果手机、耐克鞋、任天堂游戏机及运动手环花费共计 12,464 元,自己在金钱上的付出远超马某,因此无须返还马某赠与自己的财物。

法院经审理认为,赠与合同是赠与人将自己的财产无偿给予受赠人,受赠人表示接受赠与的合同。赠与可以附义务。赠与附义务的,赠与人应当按照约定履行义务。不履行赠与合同约定的义务,赠与人可以撤销赠与。该案中,马某主张要求返还的款项系以结婚为目的的赠与,徐某对此予以否认。根据马某提交的证据,涉案款项发生于二人恋爱期间,持续时间接近两年半,其中马某向徐某转账的款项基本均为小额,马某无法明确上述款项的用途,结合一般生活经验,上述款项应认定为日常生活开销。关于涉案款项中的物品,恋爱期间的小额财物赠与应当认定为维系感情的必要支出,系无偿赠与,不应当要求返还。综上,马某要求徐某返还 27,606.88 元的诉讼请求,缺少事实及法律依据,法院不予支持。

该案中，双方纠纷主要涉及恋爱支出能否要求对方分担的问题，涉及赠与合同、好意施惠等法律关系。我国现行法律对此究竟是如何规定的？本讲以下内容将围绕这一问题予以展开。

二、法律知识讲解

（一）赠与合同的概念

赠与合同，是指赠与人将其财产无偿给予受赠人，受赠人表示接受赠与的合同。赠与合同中的财产称赠与物，转让财产的一方称赠与人，接受财产的一方称受赠人。

（二）赠与合同的特征

赠与合同系双方民事法律行为，赠与的要约经过承诺人承诺后，赠与合同成立；反之，则不成立。赠与合同主要具有单务性、无偿性、诺成性、非要式性等特征，具体如下：

其一，赠与合同是单务合同。单务合同，即仅一方当事人负担给付义务的合同。在赠与合同中，赠与人附有义务，受赠人一般不负有义务，为单务合同，即使在附负担的赠与当中，受赠人负有的是次要义务，因双方义务不具有对价意义，仍为单务合同。

其二，赠与合同是无偿合同。无偿合同，是指只有一方当事人作出给付，或者虽为双方作出给付但双方的给付间不具有对价意义的合同。根据《民法典》第657条的规定，在赠与合同中，赠与人将自己的财产给予受赠人，受赠人取得赠与的财产，无须向赠与人支付相应的对价。即使在附负担的赠与当中，因为双方义务不具有对价意义，此时仍为无偿合同。

其三，赠与合同是诺成合同。诺成合同，是指仅依当事人的意思表示一致即可成立的合同。赠与合同的成立仅以双方当事人的合意为要件，不需要现实交付标的物，因此，赠与合同为诺成合同。

其四，赠与合同是非要式合同。要式合同，是指必须依据法律规定或者当事人要求的形式而成立的合同。非要式合同，是指法律或者当事人对其成立没有采取特定形式的合同。对于赠与合同来说，采用什么样的形式，取决于当事人的意思自治，不受特定形式的限制。因此，赠与合同为非要式合同。

（三）赠与合同的生效条件

其一，赠与人赠与的财物必须为自己合法所有。赠与人赠与的财物属国家、集体、他人所有或通过非法手段获得的财物，该赠与合同无效。如果赠与的目的是逃避履行法定义务，赠与人将自己的合法财产赠与他人，利害关系人主张权利，该赠与合同无效。

其二，赠与行为是赠与人本人真实的意思表示。

其三，受赠人接受赠与物是本人真实的意思。若受赠人不愿意接受赠与，或者受赠人愿意接受赠与，而赠与人没有赠与的意思，则赠与合同不成立。

（四）赠与合同中的撤销

根据《民法典》的相关规定，赠与合同的撤销包括赠与合同的任意撤销（《民法典》第 658 条至第 660 条）和赠与合同的法定撤销（《民法典》第 663 条至第 665 条）。

1. 赠与合同的任意撤销

根据《民法典》第 658 条的规定，赠与合同成立并生效后，赠与人享有任意撤销权，须满足以下两个条件：（1）赠与财产的权利转移给受赠人之前。例如，赠与动产的，尚未交付；赠与的财产依法需要办理登记或者其他手续的，尚未办理完毕相关手续。（2）不属于以下两类赠与合同：经过公证的赠与合同或者“依法”不得撤销的具有救灾、扶贫、助残等公益、道德义务性质的赠与合同。

赠与人的任意撤销权是一种形成权，自赠与人的撤销通知到达受赠人时开始发生效力。若撤销时，赠与的财产尚未移转给受赠人，则赠与合同自始消灭，赠与人无须承担赠与的义务。若撤销时，赠与的财产已经部分移转给受赠人，对于尚未移转的部分，赠与人无须再承担相应的赠与义务。对于撤销前已经移转的部分财产，赠与人不得请求受赠人予以返还。

此外，因具有过错的赠与人的撤销行为而给受赠人造成合理的信赖利益损失的，赠与人也应当承担相应的缔约过失责任。

2. 赠与合同的法定撤销

根据《民法典》第 663 条的规定，赠与财产转移后，受赠人有下列 3 种情形之一的，赠与人可以行使法定撤销权。（1）严重侵害赠与人或赠与人的近亲属的合法权益。例如，赠与财产的实际金额低于承诺金额，受赠人因此对赠与人实施殴打等暴力手段造成赠与人伤亡的，赠与人或其继承人、法定代理人依法可以撤销赠与。（2）对赠与人有扶养义务而不履行。（3）不履行赠与合同约定的义务。此处需要注意附条件的赠与合同和附义务的赠与合同的区别。区分的核心在于，附条件的赠与合同中的条件是指影响赠与合同生效与否的条款，附义务的赠与合同中的义务与合同本身效力无关。

赠与人的法定撤销权,应当自知道或者应当知道撤销事由之日起 1 年内行使;因受赠人的违法行为致使赠与人死亡或者丧失民事行为能力的,由赠与人的继承人或者法定代理人享有法定撤销权,应当自知道或者应当知道撤销事由之日起 6 个月内行使。撤销权行使后,受赠人应向赠与人返还赠与财产。

(五)赠与人的瑕疵担保责任

赠与合同为无偿合同,赠与的财产有瑕疵的,原则上,赠与人不承担瑕疵担保责任(违约责任),但存在两个例外情形。

附义务的赠与合同,赠与的财产有瑕疵的,赠与人在所附义务的限度内承担与出卖人相同的瑕疵担保责任。受赠人在接受赠与人的财物时并非完全无偿,而是履行了合同中所约定的义务。若赠与的财产有瑕疵,必然导致受赠人的权利减损,此时为维持双方间的利益平衡,赠与人应当承担瑕疵担保责任。但赠与人的瑕疵担保责任并不是无限的,应当在受赠人所附的义务限度之内。

赠与人故意不告知瑕疵或者保证无瑕疵,造成受赠人损失的,应当承担损害赔偿责任。赠与人明知赠与物具有瑕疵而故意不告知受赠人的,视其主观上具备恶意,应当负瑕疵担保责任;赠与人对赠与财产的瑕疵虽没有故意不告知,但其保证赠与财产无瑕疵的,也应负瑕疵担保责任。此外,赠与人因保证无瑕疵而承担赔偿责任时,仅需要在其所保证的无瑕疵的范围内承担赔偿责任,对未保证部分所造成的损失,赠与人不承担赔偿责任。

(六)赠与人的穷困抗辩权

赠与人的经济状况显著恶化,严重影响其生产经营或者家庭生活的,可以不再履行赠与义务。《民法典》第 666 条的规定,体现了人伦道德和法律的公平、公正原则。该条款存在的法理在于赠与合同本质上是赠与人的一种施惠行为,若赠与人自身已经无法维持基本的生存需要,仍然要求其履行施惠行为显然不具有合理性。

(七)恋爱关系与民事法律关系

民事法律关系,是指由民事法律规范调整形成的以民事权利和民事义务为内容的一种社会关系,又称民事权利义务关系。在恋爱关系中,虽然恋爱双方属于平等主体,但因为法律并未像规定婚姻关系那样规定恋爱关系,即恋爱关系中恋爱双方的权利义务并无国家强制力的保证,因此恋爱关系不属于民事法律关系,法律不调整恋爱关系。但是，在恋爱关系中出现财产分割、人格权侵权、子女抚养等纠纷的，进入法律规范的调整范围，则恋爱双方可能形成其他民事法律关系。

在该案中，法院根据马某提交的证据判断，涉案款项发生于二人恋爱期间，持续时间接近两年半。关于马某向徐某转账的款项，因基本为小额，可以判断是日常生活的正常花销转账。关于涉案物品，法院认为恋爱期间的小额财物赠与应当被认定为维系感情的必要支出，是为了增进感情而送，这种赠与是无偿赠与，不应当要求返还。

此外，在恋爱关系中，通常在两类情形下一方可以主张另一方返还款项：

其一，一方给付的财物确为借款。例如，恋爱期间，马某借给徐某 1 万元，双方签订了借条或者借款协议，则无论恋爱关系是否继续，在履行期限届满时马某均可向徐某主张返还 1 万元的借款。但是，如果双方之间并无明确约定，或者转账时间及金额带有特定含义，如七夕节转账“520 元”“1314 元”等，则一般会被认定为属于情侣之间表达爱意、维系感情的相互赠与，恋爱关系终止后，赠与方要求返还的，人民法院一般不予支持。

其二，一方给付的财物为“彩礼”。例如，恋爱期间，为了缔结婚约，马某按照习俗送给徐某家庭 20 万元彩礼，后两人未办理婚姻登记手续即分手，则根据最高人民法院《关于适用〈中华人民共和国民法典〉婚姻家庭编的解释（一）》第 5 条的规定，马某可以向徐某主张返还 20 万元彩礼。

三、相关法律规定

（一）《民法典》相关规定

第 657 条　赠与合同是赠与人将自己的财产无偿给予受赠人，受赠人表示接受赠与的合同。

第 658 条　赠与人在赠与财产的权利转移之前可以撤销赠与。

经过公证的赠与合同或者依法不得撤销的具有救灾、扶贫、助残等公益、道德义务性质的赠与合同，不适用前款规定。

第 659 条　赠与的财产依法需要办理登记或者其他手续的，应当办理有关手续。

第 660 条　经过公证的赠与合同或者依法不得撤销的具有救灾、扶贫、助残等公益、道德义务性质的赠与合同，赠与人不交付赠与财产的，受赠人可以请求交付。

依据前款规定应当交付的赠与财产因赠与人故意或者重大过失致使毁损、灭失的，赠与人应当承担赔偿责任。

第661条　赠与可以附义务。

赠与附义务的,受赠人应当按照约定履行义务。

第662条　赠与的财产有瑕疵的,赠与人不承担责任。附义务的赠与,赠与的财产有瑕疵的,赠与人在附义务的限度内承担与出卖人相同的责任。

赠与人故意不告知瑕疵或者保证无瑕疵,造成受赠人损失的,应当承担赔偿责任。

第663条　受赠人有下列情形之一的,赠与人可以撤销赠与:

(一)严重侵害赠与人或者赠与人近亲属的合法权益;

(二)对赠与人有扶养义务而不履行;

(三)不履行赠与合同约定的义务。

赠与人的撤销权,自知道或者应当知道撤销事由之日起一年内行使。

第664条　因受赠人的违法行为致使赠与人死亡或者丧失民事行为能力的,赠与人的继承人或者法定代理人可以撤销赠与。

赠与人的继承人或者法定代理人的撤销权,自知道或者应当知道撤销事由之日起六个月内行使。

第665条　撤销权人撤销赠与的,可以向受赠人请求返还赠与的财产。

第666条　赠与人的经济状况显著恶化,严重影响其生产经营或者家庭生活的,可以不再履行赠与义务。

(二)最高人民法院《关于适用〈中华人民共和国民法典〉婚姻家庭编的解释(一)》相关规定

第5条　当事人请求返还按照习俗给付的彩礼的,如果查明属于以下情形,人民法院应当予以支持:

(一)双方未办理结婚登记手续;

(二)双方办理结婚登记手续但确未共同生活;

(三)婚前给付并导致给付人生活困难。

适用前款第二项、第三项的规定,应当以双方离婚为条件。

第 30 讲　小区电梯间的广告收入归谁所有？

一、案例导读

2021 年 6 月，某小区业主委员会发现小区电梯内部被物业公司租给某广告公司使用，而物业公司却未将电梯广告费用进行公示，也未向业主进行分配，业主委员会认为物业公司收取的广告费用不透明，损害业主的合法权益，遂向法院提起诉讼要求返还电梯广告租赁费用。庭审中，业主委员会向法院提供了物业公司与某广告公司签订的物业电梯广告合作协议书，协议显示，电梯租赁费每部每年 500 元，共 20 部电梯，租赁期限两年，合计 20,000 元。物业公司辩称，该部分款项已支出，一部分用于成本支出，一部分用于部分业主欠缴的物业费，但仅提供了成本支出方面的证据，未提供其他证据。

法院经审理认为，根据《民法典》的规定，物业服务企业利用业主的共有部分产生的收入，在扣除合理成本之后，属于业主共有。小区内电梯属于业主共有范围，物业公司将业主共有部分进行的经营与收益，应单独列账，并及时向业主公示，按照业主或业主委员会的意见进行分配。

该案中，双方纠纷主要涉及小区电梯间的广告收入究竟应当归谁所有的问题。我国现行法律对于电梯之类公共部分租金的归属问题究竟是如何规定的？本讲以下内容将围绕这一问题予以展开。

二、法律知识讲解

(一)相关基本知识的介绍

1. 业主的共有部分包括哪些

所谓共有部分,是相对专有部分的概念。根据《民法典》及配套规范,是指建筑物内业主享有所有权的住宅、经营性用房等专有部分以外的部分。其与专有部分的最大区别在于前者属于业主共有,后者仅属于个别业主私有。目前,我国城镇居民住房情况复杂,仅所有权就有不同的情形。有的是在住房制度改革后,将原租住的公有住房按照房改价购买为自己所有;有的是按照市场价格购买的商品房;有的是享受国家优惠政策购买的经济适用房。而农民因征地迁入高层或者多层建筑物居住的情况就更复杂,因此,建筑物区划内哪些部分为业主共有,还须根据具体情况具体确定。

《民法典》第 274 条和最高人民法院《关于审理建筑物区分所有权纠纷案件适用法律若干问题的解释》第 3 条进一步列出了具体的共有部分,比如:(1)建筑物的基础、承重结构、外墙、屋顶等基本结构部分;(2)通道、楼梯、大堂等公共通行部分;(3)消防、公共照明等附属设施、设备,避难层、设备层或者设备间等结构部分;(4)还有建筑区划内的绿地(非明示属于个人)和物业服务用房等。该案中,"电梯"虽未在法律中被明确列举,但从字面意义来看,最高人民法院《关于审理建筑物区分所有权纠纷案件适用法律若干问题的解释》第 3 条所规定的"通道、楼梯、大堂等公共通行部分","等"字可以将"电梯"包含在内。日常生活中,还存在利用走廊、楼梯、过道等共有部分设置广告位,或是利用外墙及楼顶设置广告墙及广告塔获取利益的现象,也可以该案作为参考。

2. 物业公司的一般职责是什么

根据《民法典》第 285 条的规定,"物业服务企业或者其他管理人根据业主的委托,依照本法第三编有关物业服务合同的规定管理建筑区划内的建筑物及其附属设施,接受业主的监督,并及时答复业主对物业服务情况提出的询问。物业服务企业或者其他管理人应当执行政府依法实施的应急处置措施和其他管理措施,积极配合开展相关工作"。同时,根据《民法典》第 278 条第 1 款第 8 项"改变共有部分的用途或者利用共有部分从事经营活动"由业主共同决定。该案中,物业公司将小区内电梯间租给广告公司,利用业主的共有部分产生了固定收入,明显超越了一般的被授权范围,同时属于"不动产经营租赁"行为。

（二）小区电梯间广告收入的归属

根据《民法典》第 282 条规定，建设单位、物业服务企业或者其他管理人等利用业主的共有部分产生的收入，在扣除合理成本之后，属于业主共有。像小区电梯内广告、门闸道闸广告等公共区域的广告收益，小区公共区域的停车费收益，小区公共区域内租赁的摊位收益，利用小区公共配套设施如球场、游泳池、活动室等的经营收入，自动售卖机的场地费，快递柜入场费等，都属于小区公共收益，在扣除合理成本后都应归全体业主共有。

（三）业主对共有部分是否负有义务

权利与义务总是相伴而生，小区业主在对共有部分的收益享有分配请求权的同时，对共有部分也负有遵守相关规章制度、按时缴纳物业服务费用的义务。同时，法律明确规定业主不得以放弃权利为由不履行义务。例如，业主不能以不使用电梯为理由，不缴纳电梯维修费用。

（四）物业公司未告知业主便私自与广告公司订立合同，如何处理和救济？

1. 优先考虑调解

在实践中，法院在处理类似案件时，往往会将调解作为首要选择。原因在于，此类案件的案情本身并不复杂，举证也相对轻松，如果开启诉讼，耗时漫长且刨除聘请律师的费用，剩余收益可谓大打折扣。因此，法院通常会在核实业主委员会的主体资格后，向物业公司释明法律规定，做双方的调解工作。在双方存在分歧无法调解的情况下，及时裁判，充分发挥调解与裁判的作用，以保障业主的合法权益得到及时救济。

2. 业主在诉讼中如何主张

该案中，物业公司将业主共有电梯租赁给广告公司使用获得的收益应属业主共有，而物业公司并未对此部分收益进行单独列支、公示，也未向业主进行分配，损害了业主的合法权益，应返还给业主。因此，业主有权请求公布、查阅广告收益情况资料，同时主张物业公司返还扣除合理成本之后的共有收益。

但物业公司与广告公司在履行合同过程中产生了一定的成本费用，该费用的产生是物业公司为业主利益所支出的合理费用，应从业主共有的广告收益中扣除。

（五）如何理解“扣除合理成本”？

根据最高人民法院《关于审理建筑物区分所有权纠纷案件适用法律若干问题的解释》第 14 条第 2 款的规定，“权利人请求建设单位、物业服务企业或者其他管理人等将扣除合理成本之后的收益用于补充专项维修资金或者业主共同决定的其他用途的,人民法院应予支持"。因此,物业公司所扣除的"合理成本"的主要用途应当为此处的"补充专项维修资金"或者"按照业主大会的决定使用"。这里的专项维修资金,是指住宅物业的业主为了本物业区域内公共部位和共用设施、设备的维修养护事项而缴纳一定标准的钱款至专项账户,并授权业主委员会统一管理和使用的基金。比如,物业公司将共有部分经营的收入首先用于小区近期的健身设施维护,之后便打算将剩余收益分配给业主,但业主大会一致认为小区的外墙皮存在少许脱落,影响美观,共同决定将剩余收益用于墙皮修补,也属于业主分配剩余收益前的"扣除合理成本"部分。

综上所述,利用共有部分收益产生的收入,在扣除合理成本后,剩余部分归业主共有。就具体分配方式和比例而言,根据《民法典》第 283 条的规定,"有约定的,按照约定;没有约定或者约定不明确的,按照业主专有部分面积所占比例确定"。

三、相关法律规定

(一)《民法典》相关规定

第 271 条　业主对建筑物内的住宅、经营性用房等专有部分享有所有权,对专有部分以外的共有部分享有共有和共同管理的权利。

第 273 条　业主对建筑物专有部分以外的共有部分,享有权利,承担义务;不得以放弃权利为由不履行义务。

业主转让建筑物内的住宅、经营性用房,其对共有部分享有的共有和共同管理的权利一并转让。

第 274 条　建筑区划内的道路,属于业主共有,但是属于城镇公共道路的除外。建筑区划内的绿地,属于业主共有,但是属于城镇公共绿地或者明示属于个人的除外。建筑区划内的其他公共场所、公用设施和物业服务用房,属于业主共有。

第 278 条第 1 款第 8 项　下列事项由业主共同决定:

……

(八)改变共有部分的用途或者利用共有部分从事经营活动;

……

第 282 条　建设单位、物业服务企业或者其他管理人等利用业主的共有部分产生的收入,在扣除合理成本之后,属于业主共有。

第283条 建筑物及其附属设施的费用分摊、收益分配等事项，有约定的，按照约定；没有约定或者约定不明确的，按照业主专有部分面积所占比例确定。

第284条 业主可以自行管理建筑物及其附属设施，也可以委托物业服务企业或者其他管理人管理。

对建设单位聘请的物业服务企业或者其他管理人，业主有权依法更换。

第285条 物业服务企业或者其他管理人根据业主的委托，依照本法第三编有关物业服务合同的规定管理建筑区划内的建筑物及其附属设施，接受业主的监督，并及时答复业主对物业服务情况提出的询问。

物业服务企业或者其他管理人应当执行政府依法实施的应急处置措施和其他管理措施，积极配合开展相关工作。

第287条 业主对建设单位、物业服务企业或者其他管理人以及其他业主侵害自己合法权益的行为，有权请求其承担民事责任。

（二）最高人民法院《关于审理建筑物区分所有权纠纷案件适用法律若干问题的解释》（2020年修正）相关规定

第3条 除法律、行政法规规定的共有部分外，建筑区划内的以下部分，也应当认定为民法典第二编第六章所称的共有部分：

（一）建筑物的基础、承重结构、外墙、屋顶等基本结构部分，通道、楼梯、大堂等公共通行部分，消防、公共照明等附属设施、设备，避难层、设备层或者设备间等结构部分；

（二）其他不属于业主专有部分，也不属于市政公用部分或者其他权利人所有的场所及设施等。

建筑区划内的土地，依法由业主共同享有建设用地使用权，但属于业主专有的整栋建筑物的规划占地或者城镇公共道路、绿地占地除外。

第7条 处分共有部分，以及业主大会依法决定或者管理规约依法确定应由业主共同决定的事项，应当认定为民法典第二百七十八条第一款第（九）项规定的有关共有和共同管理权利的“其他重大事项”。

第13条 业主请求公布、查阅下列应当向业主公开的情况和资料的，人民法院应予支持：

（一）建筑物及其附属设施的维修资金的筹集、使用情况；

（二）管理规约、业主大会议事规则，以及业主大会或者业主委员会的决定及会议记录；

（三）物业服务合同、共有部分的使用和收益情况；

（四）建筑区划内规划用于停放汽车的车位、车库的处分情况；

（五）其他应当向业主公开的情况和资料。

第 14 条　建设单位、物业服务企业或者其他管理人等擅自占用、处分业主共有部分、改变其使用功能或者进行经营性活动，权利人请求排除妨害、恢复原状、确认处分行为无效或者赔偿损失的，人民法院应予支持。

属于前款所称擅自进行经营性活动的情形，权利人请求建设单位、物业服务企业或者其他管理人等将扣除合理成本之后的收益用于补充专项维修资金或者业主共同决定的其他用途的，人民法院应予支持。行为人对成本的支出及其合理性承担举证责任。

第 17 条　本解释所称建设单位，包括包销期满，按照包销合同约定的包销价格购买尚未销售的物业后，以自己名义对外销售的包销人。

（三）《物业管理条例》相关规定

第 54 条　利用物业共用部位、共用设施设备进行经营的，应当在征得相关业主、业主大会、物业服务企业的同意后，按照规定办理有关手续。业主所得收益应当主要用于补充专项维修资金，也可以按照业主大会的决定使用。

第31讲　如何处理相邻关系？

一、案例导读

原告与被告系邻居。被告常年在外捡拾垃圾，堆放在自家2楼公寓内，多年已累积大量垃圾并溢出进户门，垃圾高达一人多高致被告进出家中只能在垃圾上面爬行，房屋内散发恶臭。此外，垃圾中含有大量纸板箱、木制品、塑料制品等易燃物，并有暴露的电线。原告诉请要求被告清空房屋内超出日常生活与居住所需所用的杂物。被告辩称自家堆物系其行使自身权利，与他人无关。

法院经审理后认为，该案系相邻关系纠纷。不动产的相邻各方应当正确处理通风、采光、通行等相邻关系，给相邻方造成妨碍的，应当排除妨碍。法律虽保障权利人自由处分自有房屋的权利，但当个人处分行为与集体的合法权益相冲突时，在价值取向上更应倾向后者。被告在家中堆放大量废旧电线、废旧纸板箱、废旧塑料制品等物品，对房屋的使用已然超出了正常生活与居住的范畴，更是存在消防安全隐患。因进户门无法关闭，房屋内散发难闻刺鼻的味道，显然影响了整个楼宇正常的生活环境和居住安宁。故判决被告清空超出日常生活与居住所需所用的杂物。

该案中，双方纠纷主要涉及相邻关系的处理问题。我国现行法律对相邻关系究竟是如何规定的？本讲以下内容将围绕这一问题予以展开。

二、法律知识讲解

（一）相邻关系的概念

相邻关系，也称不动产相邻关系，是指相互连接或者邻近的不动产所有人或者使用人因利用不动产而产生的权利义务关系。

不动产相邻的各方,在行使不动产权利时可能会影响到对方的权利,若权利人完全按照自己的意志对不动产自由地进行使用、收益、处分而不加以限制,势必会造成权利之间的冲突。相邻的不动产权利人,基于《民法典》的诚实信用原则,应当给予彼此一定的便利。例如,甲、乙的两块农村承包土地相连接,一方权利人想要进入其承包地必须经过另一方的承包地,此时根据《民法典》第291条规定的相邻通行关系,被经过的一方应当为另一方的经过提供一定的便利,并有义务容忍其正常的通行。

《民法典》规定不动产相邻关系,是兼顾效率成本和社会和谐考虑的。一方面,由于不动产处于相邻状态,权利人对不动产的使用不可避免地会影响甚至妨碍到另外一方,倘若法律对任何的影响和妨碍都持否定态度,社会的总成本将大大提高。另一方面,法律规定不动产相邻关系更有利于社会和谐,妥善处理好相邻关系,能够化解邻里矛盾,促进社会和谐。

(二)相邻关系的类型

依据《民法典》第七章相邻关系的规定,相邻关系包括相邻用水排水关系、相邻通行关系、相邻不动产利用关系、相邻通风光照关系、相邻排污关系、相邻安全关系。在日常生活中,最常见的相邻关系主要有相邻用水关系、相邻排水关系、相邻通行关系等。

其一,用水和排水的相邻关系。不动产权利人应当为相邻权利人用水提供必要便利。例如,在上游的不动产权利人不得擅自改变水的自然流向、拓宽水流的宽度或者堵截流水,妨碍下游权利。不动产权利人应当为相邻权利人排水提供必要便利。例如,处于低地段的不动产权利人,不得擅自筑坝拦截自然流水的下泄造成上游排水困难。

其二,相邻通行关系。不动产权利人对相邻权利人因通行等必须利用其土地的,应当提供必要的便利。例如,甲霸占村子中的通行主干道,不允许他人通行,这显然是不合理的。对于相邻通行关系的理解,需要把握两个关键点:一是该通行路径具有必要性,即是否存在其他等价的替代方案;二是通行对于不动产所有人造成的损害,享有权利人应当进行赔偿。

其三,利用相邻不动产的关系。《民法典》第292条规定了两类相邻关系:一是因建造、修缮建筑物而临时使用相邻他方的不动产所形成的相邻关系。例如,甲要修缮自己的房屋，有必要在相邻的乙的土地范围内临时搭建脚手架，依据该条规定，乙应提供必要的便利而不能阻拦。二是铺设电线、电缆、水管、暖气和燃气等管线必须利用相邻土地、建筑物而形成的相邻关系。

其四，相邻通风、采光、日照关系。根据《民法典》第 293 条的规定，建造建筑物，不得违反国家有关工程建设标准，不得妨碍相邻建筑物的通风、采光和日照。在土地上建造建筑物是土地权利人最常见的实现土地价值的方式。建造房屋应当遵循国家有关工程建设的标准，否则该违法建设行为应由有关行政机关查处。但在我国农村地区，房屋及其他建筑物的建造还未施行普遍的行政监管和审批制度，在此情况下，建设房屋应按照《民法典》第 293 条的规定处理，即不得妨碍相邻建筑物的通风、采光和日照。

其五，弃置固体废弃物或者排放污染物等产生的相邻关系。《民法典》第 294 条规定，不动产权利人不得违反国家规定弃置固体废物，排放大气污染物、水污染物、土壤污染物、噪声、光辐射、电磁辐射等有害物质。但是，若影响轻微，或不动产的坐落情况等符合习惯，则不动产权利人有容忍的义务，例如邻居在白天演奏乐器发出声响。

其六，邻地损害防止关系。根据《民法典》第 295 条的规定，不动产权利人在施工时，应注意避免对相邻不动产造成损害。因施工对相邻不动产造成危险的，相邻不动产的权利人可请求施工人停止施工并排除妨害；造成损害的，相邻不动产的权利人可以请求损害赔偿。

（三）处理相邻关系纠纷的原则和依据

根据《民法典》第 288 条的规定，不动产的相邻权利人应当按照有利生产、方便生活、团结互助、公平合理的原则，正确处理相邻关系，具体而言：

其一，坚持有利生产原则。生产是人类创造社会财富的重要方式，也是社会发展的动力。但在生产过程中不可避免地会产生噪声、震动、粉尘污染、影响通风采光等，损害他人利益，需要在调解活动中妥善平衡好有利生产和相邻权益保障的关系。

其二，坚持方便生活原则。在调解活动中，应当坚持以人为本，以改善人们生活环境、提高人们生活质量为目标。

其三，坚持团结互助原则。在调解活动中，应当坚持与邻为善、互利共赢，劝导当事人换位思考，保持克制，妥善协商，不要激化矛盾。

其四，坚持公平合理原则。在调解活动中，应当坚持权利与义务相统一原则，公平分配权利和义务，并且避免权利滥用。

其五，坚持与本土习惯相结合的原则。根据《民法典》第289条的规定，处理相邻关系应当依照法律、法规，法律、法规没有规定的，可以按照当地习惯处理。民间习惯虽然没有上升为法律，但背后的社会根源、思想根源、文化根源和经济根源决定了其被人们普遍遵从。在不违反法律规定的前提下，人民法院在规范民事裁判尺度时就应当遵从更易被当事人理解和接受的习惯。

（四）相邻权的限度

根据《民法典》第296条的规定，不动产权利人因用水、排水、通行、铺设管线等利用相邻不动产的，应当尽量避免对相邻的不动产权利人造成损害。该条要求不动产权利人利用他人不动产时应当遵循的几项规则：

其一，不动产权利人利用相邻不动产时，应当尽量避免造成损害。其二，如果损害是不可避免的，应当选择造成损害最小的方式。其三，如果不动产权利人享有相邻权，那么相邻不动产权利人应当对其正常行使权利的行为予以容忍。相邻权人造成损害的，应当基于公平原则对相邻不动产权利人进行补偿。其四，不动产权利人非正常行使相邻权造成损害的，应当承担侵权责任。上述补偿责任与侵权责任的区别在于，侵权责任需要填补受害人的全部损失，而补偿责任只需要根据情形适当补偿。

三、相关法律规定

《民法典》相关规定

第288条　不动产的相邻权利人应当按照有利生产、方便生活、团结互助、公平合理的原则，正确处理相邻关系。

第289条　法律、法规对处理相邻关系有规定的，依照其规定；法律、法规没有规定的，可以按照当地习惯。

第290条　不动产权利人应当为相邻权利人用水、排水提供必要的便利。

对自然流水的利用，应当在不动产的相邻权利人之间合理分配。对自然流水的排放，应当尊重自然流向。

第291条　不动产权利人对相邻权利人因通行等必须利用其土地的，应当提供必要的便利。

第292条　不动产权利人因建造、修缮建筑物以及铺设电线、电缆、水管、暖气和燃气管线等必须利用相邻土地、建筑物的，该土地、建筑物的权利人应当提供必要的便利。

第293条　建造建筑物，不得违反国家有关工程建设标准，不得妨碍相邻建筑物的通风、采光和日照。

第294条　不动产权利人不得违反国家规定弃置固体废物，排放大气污染物、水污染物、土壤污染物、噪声、光辐射、电磁辐射等有害物质。

第295条　不动产权利人挖掘土地、建造建筑物、铺设管线以及安装设备等，不得危及相邻不动产的安全。

第296条　不动产权利人因用水、排水、通行、铺设管线等利用相邻不动产的，应当尽量避免对相邻的不动产权利人造成损害。

第32讲　住宅改民宿应该满足什么条件？

一、案例导读

刘某某与张某某系某住宅小区的邻居。刘某某与家人入住后，张某某将房屋出租给案外人王某某，王某某将房屋转租给案外人田某某用于经营民宿。双方提交的《商品房买卖合同》显示，刘某某房屋和张某某房屋的用途均为住宅。物业公司提交的其与张某某签订的物业管理协议和临时管理规约中均约定了不得改变房屋的设计用途、功能和布局。刘某某认为，改造房屋、经营民宿的行为严重影响其日常生活，遂向人民法院起诉请求停止经营民宿的行为。

人民法院经审理认为，业主不得违反法律、法规以及管理规约，将住宅改变为经营性用房。业主将住宅改变为经营性用房的，除遵守法律、法规及管理规约外，应当经有利害关系的业主一致同意。该案中，在未经业主同意的情况下，擅自在住宅中经营民宿，将住宅改变为经营性用房，已经违反《民法典》第279条的相关规定，故刘某某请求停止经营民宿的诉讼请求，于法有据，予以支持。

该案中，双方纠纷主要涉及住宅改民宿等经营性用房需要满足什么条件的问题。我国现行法律对于"住改商"这一问题究竟是如何规定的？本讲以下内容将围绕这一问题予以展开。

二、法律知识讲解

（一）"住改商"的基本概念

在建筑物区分所有权的情形下，业主擅自改变住宅房屋的性质，将其用作餐饮、娱乐等商业用房或者经营公司、服务行业等经营性用房的，在实践中被称为“住改商”。在2014年第11期《最高人民法院公报》“张某诉郑某、中国某网络通信有限公司武汉市分公司建筑物区分所有权纠纷案”中，人民法院指出，由专供个人、家庭日常生活居住使用改变为用于商业、工业、旅游、办公等经营性活动，即可认定该行为影响了业主的安宁生活，属于将住宅改变为经营性用房。那么，将住宅转变为民宿，是否属于改变住宅的性质，转变为经营性用房呢？

与传统意义上法律并不禁止的房屋租赁行为相比，民宿本质上是“日租房”“钟点房”等短租住房，以旅游者为服务对象，以营利为目的。根据浙江省人民政府办公厅《关于确定民宿范围和条件的指导意见》的规定，民宿（含提供住宿的农家乐），是指利用城乡居民自有住宅、集体用房或其他配套用房，结合当地人文、自然景观、生态、环境资源及农林牧渔生产活动，为旅游者休闲度假、体验当地风俗文化提供住宿、餐饮等服务的处所。因此，将住宅改为民宿，即属于将住宅改变为经营性用房。

根据我国法律的规定，房屋在建造并报经审批时的用途不得随意更改，擅自改变房屋用途，如将住宅房屋擅自改造为民宿、办公用房等经营性用途，将会带来众多的弊端：一是未经规划部门允许改变房屋结构状况，极有可能导致房屋成为危房，带来安全隐患。在实践中，因“住改商”导致房屋承重墙被拆的现象层出不穷。二是影响其他业主的正常生活。“住改商”行为存在影响其他业主安宁生活的可能，例如带来噪声、污水、异味等，还可能造成小区车位、电梯等公共设施使用紧张。三是影响物业管理工作。大量的人员流动难以贯彻落实登记进出、刷脸进出等安保措施，可能会为其他业主带来人身安全危险。因此，业主不得随意改变住宅房屋的用途，是业主应当遵守的基本准则，众多小区也将其作为管理规约的条款之一。但是，“不得随意改变”并不意味着“不能改变”，在满足法律规定的相应条件时，业主可以将住宅转变为经营性用房。

（二）“住改商”的基本条件

根据《民法典》第279条的规定，业主不得违反法律规定，将住宅改变为经营性用房。如业主确需改变住宅用途，必须满足以下两个条件，缺一不可：

（1）遵守法律、法规以及管理规约。以经营民宿为例，浙江省人民政府办公厅《关于确定民宿范围和条件的指导意见》不仅对民宿的建筑设施、消防安全、经营管理规定了细致具体的必备条件，还要求相关负责人应当取得公安等有关部门发放的相关经营许可证照或向有关部门申报登记。因此，将住宅改变为经营性用房的，应当取得相关的许可并在遵守相关法律规范的前提下进行改造。

(2)经有利害关系的业主一致同意。换言之，针对“住改商”行为，采取“一票否决制”，只要有一个人不同意，那么“住改商”行为就无法进行。因此，在实践中，实施“住改商”的业主以获得多数有利害关系业主同意为由进行抗辩的，仍应当认定其并未取得有利害关系业主的一致同意，该“住改商”行为并不具有合法性。

在“利害关系业主”的认定上，根据最高人民法院《关于审理建筑物区分所有权纠纷案件适用法律若干问题的解释》第 11 条的规定，本栋建筑物内的其他业主属于“有利害关系的业主”。而本栋建筑物之外的业主，应证明其房屋价值、生活质量受到或者可能受到不利影响才有可能属于“有利害关系的业主”。具体而言，“有利害关系的业主”的范围分为以下两类：其一，发生“住改商”行为的同栋建筑物的业主。首先要求具有法律规定的业主身份，而后要求与住改商用房在同一楼栋。其二，不在同一楼栋，但能够证明具有利害关系的业主。首先，也需要具有法律规定的业主身份。其次，与“住改商”用房不在同一楼栋。最后，“住改商”行为将会对其房屋价值、生活质量造成或者可能造成不利影响。

以上两个条件是让“住改商”行为具有合法性的必备条件。在实践中，即便业主的“住改商”行为符合法律、法规以及管理规约的规定，例如办理工商登记并取得营业执照的，但并未取得有利害关系的业主一致同意的，则不能改变其行为欠缺合法性的事实。

(三)违法“住改商”的救济

诚如前述，“住改商”行为的合法性需要满足两个条件，其中一个就是需要经有利害关系业主的一致同意，那么对未经有利害关系业主一致同意的违法“住改商”，有利害关系的业主又该如何救济自己的权益？根据最高人民法院《关于审理建筑物区分所有权纠纷案件适用法律若干问题的解释》第 10 条的规定，业主将住宅转换变为经营性用房的，若并未获得有利害关系的业主的一致同意，那么有利害关系的业主可以请求排除妨害、消除危险、恢复原状或者赔偿损失。具体而言，在“住改商”行为已经造成其他业主损害的情形下，有利害关系的业主可以请求恢复原状或者赔偿损失以实现自身权益的救济；在“住改商”行为并未造成实际损害时，有利害关系的业主可以请求排除妨害、消除危险。

三、相关法律规定

(一)《民法典》相关规定

第 279 条　业主不得违反法律、法规以及管理规约,将住宅改变为经营性用房。业主将住宅改变为经营性用房的,除遵守法律、法规以及管理规约外,应当经有利害关系的业主一致同意。

(二)最高人民法院《关于审理建筑物区分所有权纠纷案件适用法律若干问题的解释》相关规定

第 10 条　业主将住宅改变为经营性用房,未依据民法典第二百七十九条的规定经有利害关系的业主一致同意,有利害关系的业主请求排除妨害、消除危险、恢复原状或者赔偿损失的,人民法院应予支持。

将住宅改变为经营性用房的业主以多数有利害关系的业主同意其行为进行抗辩的,人民法院不予支持。

第 11 条　业主将住宅改变为经营性用房,本栋建筑物内的其他业主,应当认定为民法典第二百七十九条所称"有利害关系的业主"。建筑区划内,本栋建筑物之外的业主,主张与自己有利害关系的,应证明其房屋价值、生活质量受到或者可能受到不利影响。

第 33 讲　买到假冒伪劣产品该怎么维权？

一、案例导读

小李在淘宝上买了一台 110 寸的液晶电视机，这家淘宝网店是广州辉煌公司经营的。电视机标价 6399 元，小李用淘金币抵扣 191.97 元，又支付了 6207.03 元。收到电视机后，小李发现电视机尺寸达不到 110 寸的尺寸标准，便在淘宝平台申请了退货退款，双方对退货退款事宜未达成一致。小李便将广州辉煌公司诉至法院。

人民法院查明该电视机并未达到 110 寸标准，且商品包装中无产品说明书、无合格证、无 3C 认证标志，是三无产品。而后，人民法院审理认为，被告向原告销售尺寸不合格电视机的行为，符合《消费者权益保护法》第 48 条第 1 款第 1 项规定的商品存在缺陷的情形，已经侵犯了原告的合法权益。同时被告还存在欺诈行为。法院判决，被告在判决生效之日起 10 日内向原告退还货款 6207.03 元，且向原告支付赔偿款 18,621.09 元，原告在判决生效之日起 10 日内退还原购买的 110 寸液晶电视机。

该案中，双方纠纷主要涉及消费者的维权问题。我国现行法律对消费者权益以及维权途径等问题究竟是如何规定的？本讲以下内容将围绕这一问题予以展开。

二、法律知识讲解

（一）什么是消费者

《消费者权益保护法》第 2 条规定："消费者为生活消费需要购买、使用商品或者接受服务，其权益受本法保护；本法未作规定的，受其他有关法律、法规保护。"由此可知，消费者应当具备如下 4 个基本法律特征：第一，从消费者主体看，包括公民个人和进行生活消费的单位。第二,从消费者消费性质看,仅是指生活消费,不含生产消费。第三,从消费者消费的客体看,包括商品和服务,即用于生活消费的所有商品经流通过程推出的生活消费品和各种有偿性(可供潜在消费者利用)的服务。第四,从消费者的消费方式看,表现为购买、使用(商品)和接受(服务)。

那么,知假买假的人是否也属于消费者呢？笔者认为,主动买假的人也宜被认定为消费者。因为《消费者权益保护法》的目的是鼓励市场主体对经营者进行监督,法律并未对消费者的主观购物动机作出限制性规定。《消费者权益保护法》第55条的立法动机就是为动员群众打假,与假冒伪劣作斗争,假冒伪劣才会无法生存,因而知假买假不是不道德,实际上应当被视为发扬社会主义新道德。对此,最高人民法院《关于审理食品药品纠纷案件适用法律若干问题的规定》第3条规定,因食品、药品质量问题发生纠纷,购买者向生产者、销售者主张权利,生产者、销售者以购买者明知食品、药品存在质量问题而仍然购买为由进行抗辩的,人民法院不予支持。最高人民法院2014年发布的指导案例23号——"孙某山诉南京欧尚超市有限公司江宁店买卖合同纠纷案"中,孙某山明知超市出售过期香肠,购买后进行索赔,法院依旧判决孙某山胜诉。判决书指出,消费者是相对销售者和生产者的概念。只要在市场交易中购买、使用商品或者接受服务是为了个人、家庭生活需要,而不是为了生产经营活动或者职业活动需要,就应当被认定为"为生活消费需要"的消费者,属于《消费者权益保护法》调整的范围。孙某山并未将所购香肠用于再次销售经营。孙某山因购买到超过保质期的食品(火腿肠)而索赔,属于行使法定权利。

(二)消费者的权利有哪些

《消费者权益保护法》在第二章中规定了消费者的9项权利:第一,安全权,即消费者在购买、使用商品和接受服务时,享有人身、财产安全不受损害的权利;第二,知情权,即消费者享有知悉其购买、使用的商品或者接受的服务的真实情况的权利,如要求经营者提供商品名称、商标、产地、生产者名称、用途、性能、规格、等级、主要成分的名称、计量单位和价格、生产日期、有效期限、使用或保存方法、售后服务等有关情况;第三,自主选择权,即消费者有自主选择商品或服务的权利,有权自主选择提供商品和服务的经营者,自主选择商品品种或服务方式,自主决定是否购买商品、接受服务;第四,公平交易权,即消费者享有公平参与交易的权利,有权获得质量保障、价格合理、计量正确等公平交易条件,有权拒绝经营者的强制交易行为或歧视交易行为;

第五，获得赔偿权，即消费者因购买、使用商品或接受服务受到人身、财产损害的，享有依法获得赔偿的权利；第六，结社权，即消费者享有依法成立维护自身合法权益的社会组织的权利；第七，受教育权，即消费者享有获得有关消费和消费者权益保护方面的知识的权利，消费者有权要求国家机关、消费者社会团体和大众传媒提供有关消费和消费者权益保护方面的知识，引导合理消费；第八，受尊重权，即消费者享有人格尊严、民族风俗习惯得到尊重的权利，享有个人信息得到保护的权利；第九，监督权，即消费者享有对商品和服务以及保护消费者权益工作进行监督的权利。

(三)购买到假冒伪劣产品的维权依据

如果消费者买到商品发现有质量问题，可以依据《消费者权益保护法》第 24 条、第 52 条、第 54 条中相关规定，以及《民法典》第 582 条、第 583 条、第 584 条、第 617 条中的相关规定，要求退货、退换或修理等，同时可以要求适当的违约赔偿。

如果发现商品不仅有质量问题，还是假冒伪劣产品，那么消费者可以依据《消费者权益保护法》第 48 条、第 55 条的相关规定，要求返还货款并提出惩罚性赔偿要求。即消费者有权要求解除合同，让经营者返还货款。若经营者提供商品或者服务有欺诈行为，可以要求其按照《消费者权益保护法》第 55 条的规定，增加赔偿消费者受到的损失，增加赔偿的金额为消费者购买商品的价款或者接受服务的费用的 3 倍；增加赔偿的金额不足 500 元的，为 500 元。法律另有规定的，依照其规定。(此处另有规定，如根据《食品安全法》第 148 条的规定，消费者购买的商品为不符合食品安全标准的食品，惩罚性赔偿可以按照 10 倍价款或者 3 倍损失确定。)

什么是欺诈行为？在民法中往往会采取“主观说”，认为构成欺诈需要欺诈者有欺诈的主观故意。但是，消费者权益保护中的欺诈行为应当采取“客观说”，即只要卖了假货，就构成欺诈，就要增加赔偿，不问销售者是否知道自己卖的是假货，也不问消费者是否上当受骗。该案中，原告小李所买到的 110 寸电视机不满足尺寸要求，符合《消费者权益保护法》第 48 条第 1 款规定的商品存在缺陷。同时，经法院查明，该电视机为“三无产品”，符合《消费者权益保护法》第 55 条第 1 款规定的经营者的欺诈行为，原告小李可要求 3 倍赔偿。

(四)购买到假冒伪劣产品的其他维权途径

《消费者权益保护法》第 39 条以及《产品质量法》第 47 条等都规定了消费者和经营者发生争议的纠纷解决途径。

第一，可以拨打商家所在地的消费者协会电话进行投诉，并可以请消费者协会进行调解。消费者也可请消费者协会履行《消费者权益保护法》第 37 条规定的公益职责帮助调查、委托有资格的鉴定人鉴定。但是，调解是建立在消费者、经营者双方自愿的基础上的，不具有强制力。如果双方无法达成一致，消费者协会会终止调解，并建议消费者采用其他方式维护自身权益。

第二，消费者也可以向有关行政部门投诉。消费者可以通过电话、线上或携带假冒商品及有关票据直接至市场监督管理部门，如市场监督管理局，反映问题、寻求帮助。请他们帮助调查处理、调解，追回损失。如果是假冒商品，也可以请市场监督管理局帮助鉴别，确定是假冒商品后再作处理。

消费者也可以把商家起诉至商品买受人住所地法院或商家住所地法院。消费者若是网购产生纠纷，可以通过平台获取店铺登记注册信息等详细信息。根据《消费者权益保护法》第 44 条的规定，“网络交易平台提供者不能提供销售者或者服务者的真实名称、地址和有效联系方式的，消费者也可以向网络交易平台提供者要求赔偿”。此外，通过互联网购买商品发生的纠纷，也可以通过互联网法院起诉。互联网法院的案件的受理、送达、调解、证据交换、庭前准备、庭审、宣判等诉讼环节一般应当在互联网上完成，以全程在线为基本原则。目前我国只有杭州、北京、广州互联网法院，只有当消费者住所地或商家住所地在这 3 地时，才可以在这 3 家互联网法院起诉。我国《刑法》第 140 条规定了生产、销售伪劣产品罪，因此维护自身权益其实也是维护广大消费者的利益、维护社会的经济秩序，让假冒产品无处遁形，帮助国家打击破坏社会主义市场经济秩序的行为。

总之，在网购商品出现问题时，首先，应该收集证据，例如拍下商品各角度的照片，以及商品存在质量问题的表现等。还应及时保存与商家沟通的聊天记录，在此过程中清楚说明自己所收到的商品存在质量问题，与之前描述不符等。其次，向商家表达合理诉求，与商家沟通协商，要求修理、更换、退货退款或七天无理由退货等。若协商不成，可向网络交易平台投诉，并出具相关证据，表达自身诉求，请求平台进行裁定。若对网络交易平台的处理不满，可向消费者保护协会投诉以维护自身合法权益。最后，还可向法院起诉，以维护自身合法权益。

（五）网购送的赠品有质量问题，可以索赔吗？

可以索赔。赠品属于经营者以其他方式表明商品或者服务质量状况的产品，与销售的商品一样应当具备合格的品质,经营者不得以赠送为由提供不合格或者假冒赠品。商家提供的赠品如有质量问题,消费者同样可以要求退换或者赔偿。

最高人民法院《关于审理食品药品纠纷案件适用法律若干问题的规定》第4条规定:“食品、药品生产者、销售者提供给消费者的食品或者药品的赠品发生质量安全问题,造成消费者损害,消费者主张权利,生产者、销售者以消费者未对赠品支付对价为由进行免责抗辩的,人民法院不予支持。”

三、相关法律规定

(一)《民法典》相关规定

第582条　履行不符合约定的,应当按照当事人的约定承担违约责任。对违约责任没有约定或者约定不明确,依据本法第五百一十条的规定仍不能确定的,受损害方根据标的的性质以及损失的大小,可以合理选择请求对方承担修理、重作、更换、退货、减少价款或者报酬等违约责任。

第583条　当事人一方不履行合同义务或者履行合同义务不符合约定的,在履行义务或者采取补救措施后,对方还有其他损失的,应当赔偿损失。

第584条　当事人一方不履行合同义务或者履行合同义务不符合约定,造成对方损失的,损失赔偿额应当相当于因违约所造成的损失,包括合同履行后可以获得的利益;但是,不得超过违约一方订立合同时预见到或者应当预见到的因违约可能造成的损失。

第617条　出卖人交付的标的物不符合质量要求的,买受人可以依据本法第五百八十二条至第五百八十四条的规定请求承担违约责任。

(二)《消费者权益保护法》相关规定

第24条　经营者提供的商品或者服务不符合质量要求的,消费者可以依照国家规定、当事人约定退货,或者要求经营者履行更换、修理等义务。没有国家规定和当事人约定的,消费者可以自收到商品之日起七日内退货;七日后符合法定解除合同条件的,消费者可以及时退货,不符合法定解除合同条件的,可以要求经营者履行更换、修理等义务。

依照前款规定进行退货、更换、修理的,经营者应当承担运输等必要费用。

第48条　经营者提供商品或者服务有下列情形之一的,除本法另有规定外,应当依照其他有关法律、法规的规定,承担民事责任:

（一）商品或者服务存在缺陷的；

（二）不具备商品应当具备的使用性能而出售时未作说明的；

（三）不符合在商品或者其包装上注明采用的商品标准的；

（四）不符合商品说明、实物样品等方式表明的质量状况的；

（五）生产国家明令淘汰的商品或者销售失效、变质的商品的；

（六）销售的商品数量不足的；

（七）服务的内容和费用违反约定的；

（八）对消费者提出的修理、重作、更换、退货、补足商品数量、退还货款和服务费用或者赔偿损失的要求，故意拖延或者无理拒绝的；

（九）法律、法规规定的其他损害消费者权益的情形。

经营者对消费者未尽到安全保障义务，造成消费者损害的，应当承担侵权责任。

第52条　经营者提供商品或者服务，造成消费者财产损害的，应当依照法律规定或者当事人约定承担修理、重作、更换、退货、补足商品数量、退还货款和服务费用或者赔偿损失等民事责任。

第54条　依法经有关行政部门认定为不合格的商品，消费者要求退货的，经营者应当负责退货。

第55条　经营者提供商品或者服务有欺诈行为的，应当按照消费者的要求增加赔偿其受到的损失，增加赔偿的金额为消费者购买商品的价款或者接受服务的费用的三倍；增加赔偿的金额不足五百元的，为五百元。法律另有规定的，依照其规定。

经营者明知商品或者服务存在缺陷，仍然向消费者提供，造成消费者或者其他受害人死亡或者健康严重损害的，受害人有权要求经营者依照本法第四十九条、第五十一条等法律规定赔偿损失，并有权要求所受损失二倍以下的惩罚性赔偿。

（三）《食品安全法》相关规定

第148条　消费者因不符合食品安全标准的食品受到损害的，可以向经营者要求赔偿损失，也可以向生产者要求赔偿损失。接到消费者赔偿要求的生产经营者，应当实行首负责任制，先行赔付，不得推诿；属于生产者责任的，经营者赔偿后有权向生产者追偿；属于经营者责任的，生产者赔偿后有权向经营者追偿。

生产不符合食品安全标准的食品或者经营明知是不符合食品安全标准的食品，消费者除要求赔偿损失外，还可以向生产者或者经营者要求支付价款十倍或者损失三倍的赔偿金;增加赔偿的金额不足一千元的,为一千元。但是,食品的标签、说明书存在不影响食品安全且不会对消费者造成误导的瑕疵的除外。

四、法律知识拓展

(一)“七天无理由”退货制度并不适用于所有商品

除法律规定的不适用“七天无理由”退货的商品以及消费者在购买时确认不宜退货的商品外,其他商品均可适用“七天无理由”退货。

同时,消费者在合理利用“七天无理由”退货制度维护自身正当权益的同时,还应遵循诚实信用原则,不可滥用权利。如前两年的“淘宝买18件衣服旅游后退回”,虽然买方退货的商品可能满足商品完好、“七天无理由”等基本条件,但是并不符合诚实信用原则,属于滥用消费者权利。

《民法典》第7条规定:“民事主体从事民事活动,应当遵循诚信原则,秉持诚实,恪守承诺。”《消费者权益保护法》第4条也规定:“经营者与消费者进行交易,应当遵循自愿、平等、公平、诚实信用的原则。”同时,《消费者权益保护法》第25条规定:“经营者采用网络、电视、电话、邮购等方式销售商品,消费者有权自收到商品之日起七日内退货,且无需说明理由,但下列商品除外:(一)消费者定作的;(二)鲜活易腐的;(三)在线下载或者消费者拆封的音像制品、计算机软件等数字化商品;(四)交付的报纸、期刊。除前款所列商品外,其他根据商品性质并经消费者在购买时确认不宜退货的商品,不适用无理由退货。消费者退货的商品应当完好。经营者应当自收到退回商品之日起七日内返还消费者支付的商品价款。退回商品的运费由消费者承担;经营者和消费者另有约定的,按照约定。”

(二)“假一赔十”条款具有法律效力

“假一赔十”实际上是商家为实现促销目的,单方面加重自身义务的一种承诺,是由商家主动作出的真实意思表示。消费者一旦购买了商家商品,买卖合同成立,这时“假一赔十”的承诺成为双方合同内容的一部分,对商家产生法律上的约束力。所以,商家应当诚信履行合同约定的义务,提供符合质量约定的商品,否则应按照“假一赔十”进行赔偿。

第34讲　拾得遗失物的法律效果是什么？

一、案例导读

2021年3月30日中午，朱某华在天津市和平区电影院看电影，将装有面值80余万元人民币的汽车提货单及附加资本等物品的公文包遗忘在座位上。李某发现后，与同去看电影的第三人王某平在现场等候良久，未见失主来寻，便将公文包带走，并委托王某平予以保管。同年4月4日、5日和7日，朱某华先后在天津市《今晚报》和《天津日报》上刊登"寻包启事"，表示要"重谢拾得人"和"一周内有知情送还者酬谢15,000元"。李某得知寻包启事，即告诉王某平并委托其与朱某华联系。次日，双方在约定的时间和地点交接钱物。由于在给付酬金问题上，双方发生争执，李某遂向法院提起诉讼，要求朱某华依其许诺支付报酬15,000元。朱某华辩称：公文包内有朱某华单位及本人的联系线索，李某不主动寻找失包人，物归原主，却等待酬金，请求法院驳回李某的诉讼请求。王某平表示，本人仅替李某保管公文包，不要求酬金。

法院认为，悬赏广告，系广告人以广告的方法，对完成一定行为的人给付报酬的行为。只要行为人依法完成了所指定的行为，广告人即负有给付报酬的义务。朱某华先后在天津市《今晚报》《天津日报》上刊登的"寻包启事"，即为一种悬赏广告。朱某华还明确表示，"一周内有知情送还者酬谢15,000元"，系向社会不特定人的要约。上诉人李某，即悬赏广告中的行为人，在广告规定的"一周内"完成了广告指定的送还公文包的行为，是对广告人的有效承诺。从而，在李某与朱某华之间形成了民事法律关系，即债权债务关系。因此李某的诉讼理由成立，应予支持。

该案中,双方纠纷主要涉及拾得遗失物与悬赏广告的问题。我国现行法律对此究竟是如何规定的?本讲以下内容将围绕这一问题予以展开。

二、法律知识讲解

生活语言中的“捡到他人的东西”,在民法中被称为“拾得遗失物”。所谓遗失物,是指无人占有但属于有主物的动产(包括主人丢失的宠物)。对于失主(权利人)来说,其并不是故意抛弃该动产,而仅是无心丢失,因此失主并未丧失对遗失物的所有权。值得注意的是,拾得人对遗失物的占有可以由第三人为之,这里所说的第三人,在法律上成为占有辅助人。案例中李某将公文包交由王某平保管,此时王某平即为李某的占有辅助人,并不改变法律上将李某认定为占有人的判断。类似地,商场的售货员在柜台上发现顾客遗失的手机,也应认定商场为拾得人。在这一组法律关系中,我们需要从以下几个角度进行分析和考虑:

(一)拾得人的义务

就拾得人的义务而言,其在拾得遗失物后,有义务将遗失物返还权利人。如果拾得人无法查明失主,或者暂时不能查明失主,可以将遗失物送交公安或其他有关部门。同时,在拾得人将遗失物送交有关部门前,以及有关部门在遗失物被领取前,应当承担妥善保管遗失物的义务。值得注意的是,拾得人和有关部门对遗失物的保管毕竟是无偿的,因此其承担的责任不宜过重,一般情况下无须对遗失物的毁损、灭失承担责任。但是,若拾得人或者有关部门存在故意或者重大过失,致使遗失物毁损、灭失的,应当承担民事责任。例如,甲捡到了乙丢失的狗,但由于疏忽,几天没有给狗喂食,导致狗死亡,甲应当承担赔偿责任。

(二)权利人的义务

这里的“权利人”,除所有权人外,还包括其他对遗失物享有本权利的人,比如,承租人、借用人、质权人、留置权人及保留所有权买卖的买受人等。就权利人的义务而言,主要包含如下两方面:

其一,及时认领的义务。若遗失物长期无人认领,法律应当对其权利归属作出最终的判定。《民法典》第 318 条规定,遗失物自发布招领公告之日起一年内无人认领的,归国家所有。因此权利人在遗失物品后,应当及时查阅当地有关部门发布的招领公告,防止期限届满导致丧失物的所有权。

其二,支付报酬的义务。首先,权利人领取遗失物时,应当向拾得人或者有关部门支付保管遗失物等必要费用。例如，甲捡到了一头牛，暂时无法查明失主，便将牛放在自家牛棚中饲养。1 个月后，乙找到甲并证明自己是牛的主人，乙应当支付甲这一个月饲养牛的草料费等费用。但是，如果拾得人侵占遗失物，即丧失请求拾得人或者有关部门支付必要费用的权利。如甲起了贪念，没有通知乙领取这头牛，后来乙还是在甲家牛棚找到了这头牛，则甲无权再请求乙支付饲养牛所支出的费用。其次，权利人如果通过悬赏广告等方式悬赏遗失物，应当按照悬赏内容向拾得人履行义务（给付所承诺的报酬）。只要权利人作出了明确悬赏，即使拾得人不知道该悬赏，也可以要求权利人给付报酬。例如，甲丢失相机一部，甲在报纸上打出广告："拾得相机重谢 1000 元。"乙捡到相机后通过其他途径联系到甲归还相机，3 天后阅读报纸才得知甲为该相机悬赏 1000 元。此时乙仍然能要求甲给付 1000 元。

（三）拾得人转让遗失物

在拾得人转让遗失物的场合，会在拾得人、权利人和受让人（购买遗失物的人）之间形成一个三方法律关系。根据《民法典》的规定，这时权利人获得救济的方式取决于其自身选择。

一方面，权利人可以直接要求出卖遗失物的拾得人（民法上称为无权处分人）赔偿损失。例如，乙捡到了甲价值 1 万元的手表后将该表转卖给丙，甲可以要求乙赔偿 1 万元。因为在具体案件中，甲查明乙将表卖给了丙，再去要求丙归还手表过于费时费力，直接要求乙赔偿，可以避免甲花费不必要的时间精力。

另一方面，权利人可以自知道或者应当知道受让人之日起两年内向受让人请求返还遗失物。这里的两年期间并不是诉讼时效，因此不适用诉讼时效中止、中断和延长的规定，也就是说，权利人需要积极行使自己的权利，否则可能面临时限经过、不得再请求受让人返还遗失物的后果。一般而言，权利人请求受让人返还遗失物时无须偿还受让人购买遗失物所支付的费用。但是，为了平衡权利人和善意受让人之间的利益，《民法典》第 312 条规定，受让人通过拍卖或者向具有经营资格的经营者购得该遗失物的，权利人请求返还原物时应当支付受让人所付的费用。权利人向受让人支付所付费用后，有权向无处分权人追偿。例如，乙捡到甲的手表后卖给了丙。甲如果知道丙购买了自己的手表，两年都没有要求丙归还，那么可以说明甲自己也不在意这块手表。如果甲始终不知道谁购买了自己的手表，那么两年期间应当从甲具体查明丙购买手表之日开始计算。从购买人丙的角度来看，如果丙是从拍卖或者有经营资格的经营者手中购买到了该块手表,那么丙不可能预见到这块表是某人遗失后被转卖的。因此,甲需要支付丙购买手表的费用,避免让无辜的第三人遭受损失,之后甲可以向将表倒卖的始作俑者乙追偿。

三、相关法律规定

《民法典》相关规定

第312条　所有权人或者其他权利人有权追回遗失物。该遗失物通过转让被他人占有的,权利人有权向无处分权人请求损害赔偿,或者自知道或者应当知道受让人之日起二年内向受让人请求返还原物;但是,受让人通过拍卖或者向具有经营资格的经营者购得该遗失物的,权利人请求返还原物时应当支付受让人所付的费用。权利人向受让人支付所付费用后,有权向无处分权人追偿。

第314条　拾得遗失物,应当返还权利人。拾得人应当及时通知权利人领取,或者送交公安等有关部门。

第315条　有关部门收到遗失物,知道权利人的,应当及时通知其领取;不知道的,应当及时发布招领公告。

第316条　拾得人在遗失物送交有关部门前,有关部门在遗失物被领取前,应当妥善保管遗失物。因故意或者重大过失致使遗失物毁损、灭失的,应当承担民事责任。

第317条　权利人领取遗失物时,应当向拾得人或者有关部门支付保管遗失物等支出的必要费用。

权利人悬赏寻找遗失物的,领取遗失物时应当按照承诺履行义务。

拾得人侵占遗失物的,无权请求保管遗失物等支出的费用,也无权请求权利人按照承诺履行义务。

第318条　遗失物自发布招领公告之日起一年内无人认领的,归国家所有。

第319条　拾得漂流物、发现埋藏物或者隐藏物的,参照适用拾得遗失物的有关规定。法律另有规定的,依照其规定。

第499条　悬赏人以公开方式声明对完成特定行为的人支付报酬的,完成该行为的人可以请求其支付。

四、法律知识拓展

第一,如果拾得人拾得遗失物,权利人没有悬赏遗失物,拾得人不能要求权利人支付报酬。例如，甲捡到了乙装有大量现金的钱包，甲通过钱包中乙的身份证联系到乙，乘坐出租车归还钱包，并要求乙支付 200 元报酬和出租车车费。在这种情况下，乙应当支付甲的出租车车费，但甲要求乙支付报酬的主张没有法律依据。

第二，如果拾得人侵占遗失物，即使拾得人为保管遗失物支付了费用，也不能要求权利人给付其保管遗失物的支出，即使权利人悬赏了遗失物，拾得人也无权获得悬赏。这是法律对恶意拾得人的惩罚。

第六部分
农村土地纠纷处理

第35讲　个人房屋被征收能否主张补偿？

一、案例导读

李某系A市B区某村村民，在该组拥有宅基地并建有房屋。2013年12月25日，A市B区旧城改造领导小组发文成立了村城改办，对该村进行城中村改造。2015年9月16日，李某作为乙方与甲方村城改办签订《拆迁过渡协议》。该协议约定全村实行统一的城中村改造拆迁安置补偿标准，并对乙方住房面积作了确认，约定了过渡费和搬迁费、奖励的金额，同时约定乙方应在2015年10月15日前签订协议并腾空房屋、交付房屋钥匙，交由甲方实施拆迁。2015年10月2日，李某将房屋腾空并向村城改办交付住房钥匙。2016年9月11日，该村村委会组织实施拆除了李某的房屋。李某不服拆除房屋的行为，于2016年10月17日诉至法院，请求确认A市B区人民政府强拆其房屋的行为违法并承担该案的诉讼费用。

一审法院认为，A市B区人民政府拆除李某房屋系依据《拆迁过渡协议》实施的合法行为，判决驳回李某的诉讼请求。李某不服一审判决，提起上诉。二审法院认为，该村委会组织实施强制拆除李某房屋的行为系代A市B区人民政府实施的受委托行为，相应的法律后果应当由A市B区人民政府承担。A市B区人民政府既没有依法作出责令交出土地决定，也没有依法向人民法院申请强制执行，且在没有完成安置补偿工作的情况下，直接对李某的房屋实施了强制拆除行为，违反法律规定。最终，二审法院判决撤销一审判决，确认A市B区人民政府拆除李某房屋的行为违法。

该案中，双方纠纷主要涉及房屋被征收时的补偿确定问题。我国现行法律对此究竟是如何规定的？本讲以下内容将围绕这一问题予以展开。

二、法律知识讲解

（一）征收的概念

征收，是国家取得所有权的一种方式，具体形式是国家为了公共利益的需要，通过法定程序，在法定的权限内将集体或者个人所有的财产征收为国家所有的财产，即国家成为所有权的主体，集体或者个人的所有权消灭。

（二）征收须依照法定权限和法定程序

为了公共利益的需要，依照法律规定的权限和程序可以征收集体所有的土地和组织、个人的房屋以及其他不动产。

首先，征收的主体为市、县级人民政府。市、县级人民政府可以确定一个房屋征收部门具体负责房屋征收的组织实施工作。房屋征收部门的设置一般有两种形式：一是市、县级人民政府设立专门的房屋征收部门，二是在现有的部门（如房地产管理部门、建设主管部门）中，确定一个部门作为房屋征收部门。如市、县级人民政府未确定房屋征收部门或者其指定的房屋征收部门不明确，被征收人对房屋征收补偿过程中的具体实施工作不服，仍可以市、县级人民政府为被告提起行政诉讼。需要注意的是，当房屋征收与补偿的主体是市、县级人民政府时，被征收人对其作出的征收决定、征收补偿决定不服提起诉讼的，应当以市、县级人民政府为被告。而当房屋征收部门组织实施该行政区域的房屋征收与补偿工作时，被征收人对房屋征收部门组织实施房屋征收与补偿工作过程中作出的行政行为不服，则应当以房屋征收部门为被告。

其次，征收应当依照法定程序。《土地管理法》第 47 条对土地征收程序进行了调整，将原来的"告知、确认、听证"3 步程序调整为"调查、评估、公告、听证、登记、协议"6 步程序。规定相关前期工作完成后，县级以上地方人民政府方可申请征收土地。（1）调查：开展拟征收土地现状调查。（2）评估：开展社会稳定风险评估。（3）公告：将征收范围、土地现状、征收目的、补偿标准、安置方式和社会保障等在拟征收土地所在的乡（镇）和村、村民小组范围内公告至少 30 日，听取被征地的农村集体经济组织及其成员、村民委员会和其他利害关系人的意见。（4）听证：多数被征地的农村集体经济组织成员认为征地补偿安置方案不符合法律、法规规定的，县级以上地方人民政府应当组织召开听证会，并根据法律、法规的规定和听证会情况修改方案。

(5)登记:拟征收土地的所有权人、使用权人应当在公告规定期限内,持不动产权属证明材料办理补偿登记。(6)协议:县级以上地方人民政府应当组织有关部门测算并落实有关费用,保证足额到位,与拟征收土地的所有权人、使用权人就补偿、安置等签订协议;个别确实难以达成协议的,应当在申请征收土地时如实说明。

最后,征收补偿决定应当进行合法性审查。征收决定应当明确征收范围、实施主体等相关法定事项,所附征收补偿方案给予被征收人货币补偿、产权调换选择权,提供可供选择房源,并告知申请行政复议、提起行政诉讼的权利。

(三)征收应当给予公平、合理的补偿

作为私人财产的住宅被征收的,应当给予适当的补偿,不仅可以采取重新安排宅基地建房、提供安置房或者货币补偿等方式给予公平、合理的补偿,而且还需要对因征收造成的搬迁、临时安置等费用予以补偿。

有征收必有补偿,无补偿则无征收。征收补偿应当遵循及时补偿原则和公平补偿原则。补偿问题未依法定程序解决前,被征收人有权拒绝交出房屋和土地。该案中,《拆迁过渡协议》仅约定了对征收所造成的过渡费、搬迁费的补偿,并未明确重新安排宅基地、提供安置房或者货币补偿等实质性安置补偿事项。此时,应当遵循"先补偿、后拆迁"原则。即补偿问题未依法定程序解决前,被征收人有权拒绝交出房屋和土地。

征收决定应当包括具体补偿内容,因评估或者双方协商以及其他特殊情况,征收决定未包括补偿内容的,征收机关应当在征收决定生效后的合理时间内,及时通过签订征收补偿安置协议或者作出征收补偿决定的方式解决补偿问题。人民法院应当尊重征收补偿安置协议的效力,补偿安置协议个别约定需要明确和调整的,当事人应当按照诚实信用原则协商解决;协商不成的,应当按照法律规定的程序解决补偿安置争议。此外,征收补偿方案具有可诉性。征收补偿方案具有相对的独立性,要尊重相对人的选择权,可以并诉,也可以独立起诉。同时,征收补偿过程中对行政机关超征收范围给当事人造成的损失可以一并予以行政补偿。

三、相关法律规定

(一)《宪法》相关规定

第13条 公民的合法的私有财产不受侵犯。

国家依照法律规定保护公民的私有财产权和继承权。

国家为了公共利益的需要,可以依照法律规定对公民的私有财产实行征收或者征用并给予补偿。

(二)《民法典》相关规定

第117条　为了公共利益的需要,依照法律规定的权限和程序征收、征用不动产或者动产的,应当给予公平、合理的补偿。

第243条　为了公共利益的需要,依照法律规定的权限和程序可以征收集体所有的土地和组织、个人的房屋以及其他不动产。

征收集体所有的土地,应当依法及时足额支付土地补偿费、安置补助费以及农村村民住宅、其他地上附着物和青苗等的补偿费用,并安排被征地农民的社会保障费用,保障被征地农民的生活,维护被征地农民的合法权益。

征收组织、个人的房屋以及其他不动产,应当依法给予征收补偿,维护被征收人的合法权益;征收个人住宅的,还应当保障被征收人的居住条件。

任何组织或者个人不得贪污、挪用、私分、截留、拖欠征收补偿费等费用。

第327条　因不动产或者动产被征收、征用致使用益物权消灭或者影响用益物权行使的,用益物权人有权依据本法第二百四十三条、第二百四十五条的规定获得相应补偿。

第338条　承包地被征收的,土地承包经营权人有权依据本法第二百四十三条的规定获得相应补偿。

第358条　建设用地使用权期限届满前,因公共利益需要提前收回该土地的,应当依据本法第二百四十三条的规定对该土地上的房屋以及其他不动产给予补偿,并退还相应的出让金。

(三)《土地管理法》相关规定

第48条　征收土地应当给予公平、合理的补偿,保障被征地农民原有生活水平不降低、长远生计有保障。

征收土地应当依法及时足额支付土地补偿费、安置补助费以及农村村民住宅、其他地上附着物和青苗等的补偿费用,并安排被征地农民的社会保障费用。

征收农用地的土地补偿费、安置补助费标准由省、自治区、直辖市通过制定公布区片综合地价确定。制定区片综合地价应当综合考虑土地原用途、土地资源条件、土地产值、土地区位、土地供求关系、人口以及经济社会发展水平等因素,并至少每三年调整或者重新公布一次。

征收农用地以外的其他土地、地上附着物和青苗等的补偿标准，由省、自治区、直辖市制定。对其中的农村村民住宅，应当按照先补偿后搬迁、居住条件有改善的原则，尊重农村村民意愿，采取重新安排宅基地建房、提供安置房或者货币补偿等方式给予公平、合理的补偿，并对因征收造成的搬迁、临时安置等费用予以补偿，保障农村村民居住的权利和合法的住房财产权益。

县级以上地方人民政府应当将被征地农民纳入相应的养老等社会保障体系。被征地农民的社会保障费用主要用于符合条件的被征地农民的养老保险等社会保险缴费补贴。被征地农民社会保障费用的筹集、管理和使用办法，由省、自治区、直辖市制定。

(四)《农业法》相关规定

第71条　国家依法征收农民集体所有的土地，应当保护农民和农村集体经济组织的合法权益，依法给予农民和农村集体经济组织征地补偿，任何单位和个人不得截留、挪用征地补偿费用。

(五)《土地管理法实施条例》相关规定

第32条　省、自治区、直辖市应当制定公布区片综合地价，确定征收农用地的土地补偿费、安置补助费标准，并制定土地补偿费、安置补助费分配办法。

地上附着物和青苗等的补偿费用，归其所有权人所有。

社会保障费用主要用于符合条件的被征地农民的养老保险等社会保险缴费补贴，按照省、自治区、直辖市的规定单独列支。

申请征收土地的县级以上地方人民政府应当及时落实土地补偿费、安置补助费、农村村民住宅以及其他地上附着物和青苗等的补偿费用、社会保障费用等，并保证足额到位，专款专用。有关费用未足额到位的，不得批准征收土地。

(六)《国有土地上房屋征收与补偿条例》相关规定

第12条　市、县级人民政府作出房屋征收决定前，应当按照有关规定进行社会稳定风险评估；房屋征收决定涉及被征收人数量较多的，应当经政府常务会议讨论决定。

作出房屋征收决定前，征收补偿费用应当足额到位、专户存储、专款专用。

第13条　市、县级人民政府作出房屋征收决定后应当及时公告。公告应当载明征收补偿方案和行政复议、行政诉讼权利等事项。

市、县级人民政府及房屋征收部门应当做好房屋征收与补偿的宣传、解释工作。

房屋被依法征收的，国有土地使用权同时收回。

第29条　房屋征收部门应当依法建立房屋征收补偿档案，并将分户补偿情况在房屋征收范围内向被征收人公布。

审计机关应当加强对征收补偿费用管理和使用情况的监督，并公布审计结果。

第33条　贪污、挪用、私分、截留、拖欠征收补偿费用的，责令改正，追回有关款项，限期退还违法所得，对有关责任单位通报批评、给予警告；造成损失的，依法承担赔偿责任；对直接负责的主管人员和其他直接责任人员，构成犯罪的，依法追究刑事责任；尚不构成犯罪的，依法给予处分。

（七）最高人民法院《关于审理涉及农村土地承包纠纷案件适用法律问题的解释》相关规定

第20条　承包地被依法征收，承包方请求发包方给付已经收到的地上附着物和青苗的补偿费的，应予支持。

承包方已将土地经营权以出租、入股或者其他方式流转给第三人的，除当事人另有约定外，青苗补偿费归实际投入人所有，地上附着物补偿费归附着物所有人所有。

第21条　承包地被依法征收，放弃统一安置的家庭承包方，请求发包方给付已经收到的安置补助费的，应予支持。

（八）最高人民法院《关于办理申请人民法院强制执行国有土地上房屋征收补偿决定案件若干问题的规定》相关规定

第2条　申请机关向人民法院申请强制执行，除提供《条例》第二十八条规定的强制执行申请书及附具材料外，还应当提供下列材料：

（一）征收补偿决定及相关证据和所依据的规范性文件；

（二）征收补偿决定送达凭证、催告情况及房屋被征收人、直接利害关系人的意见；

（三）社会稳定风险评估材料；

（四）申请强制执行的房屋状况；

（五）被执行人的姓名或者名称、住址及与强制执行相关的财产状况等具体情况；

（六）法律、行政法规规定应当提交的其他材料。

强制执行申请书应当由申请机关负责人签名，加盖申请机关印章，并注明日期。

强制执行的申请应当自被执行人的法定起诉期限届满之日起三个月内提出；逾期申请的，除有正当理由外，人民法院不予受理。

第36讲　户籍未迁出"外嫁女"是否有权取得集体土地征用补偿款?

一、案例导读

吴某1系美某村的村民,在美某村出生、长大,户口依法登记在美某村。2016年,海口市美兰区人民政府给吴某1颁发农村土地承包经营权证,其中载明:吴某1作为土地承包经营权共有人,以家庭承包的方式承包美某村的土地用于种植业,承包期限为1998年1月1日至2027年12月31日。吴某1于2019年结婚后,仍在美某村生活,户口未迁出美某村。吴某1未在其丈夫户籍所在地享受过相关集体福利,且未在其丈夫户籍所在地取得股权证。2020年9月30日,海口市美兰区人民政府作出海口市美兰区人民政府《关于海口江东新区迈雅河综合治理(一期)工程项目拟征收集体土地公告》(海美府〔2020〕127号),对美某村的部分集体土地进行征收,并公示了征地补偿安置方案。之后,美某村获得了土地征收补偿款。2022年1月13日,美某村村民小组作出征地补偿款分配方案及分配名单表,决定向每个村民分配3000元,户口在美某村的出嫁女不参加分配。2022年1月25日,美某村村民小组按照分配名单表向村民发放了上述征地补偿款,但拒绝向吴某1发放,吴某1遂向本院提起诉讼。

法院审理认为,农村土地征收补偿款的受益主体是农村集体经济组织成员,具有集体经济组织成员资格是享有补偿款分配权的前提。农村集体经济组织成员资格的取得主要有两种形式:一是原始取得;二是加入取得。吴某1系美某村的村民,在美某村出生、长大，户口依法登记在美某村，吴某1因出生而原始取得美某村的集体经济组织成员资格。吴某1结婚后户口未迁出美某村，仍在美某村生活并承包美某村的土地，具有美某村的集体经济组织成员资格。涉案征地补偿安置方案确定时，美某村尚未向村民发放股权证，且吴某1未享受其丈夫户籍所在地相关集体福利，故吴某1仍具备美某村的集体经济组织成员资格，吴某1应与美某村的集体经济组织其他成员一样，同等获得相应的征地补偿款。美某村村民小组拒绝给吴某1发放征地补偿款的行为，侵害了吴某1的合法权益。吴某1要求美某村村民小组支付征地补偿款3000元，于法有据，法院予以支持。

该案中，双方纠纷主要涉及集体土地征用补偿款的资格认定问题。我国现行法律对此究竟是如何规定的？本讲以下内容将围绕这一问题予以展开。

二、法律知识讲解

（一）农村集体经济组织成员

农村集体经济组织成员，是指在该集体经济组织生产或生活，与该集体经济组织发生权利、义务关系的人。农村集体经济组织成员资格的取得方式包含两种：其一，原始取得，即个人出生时，父母中一方或双方具有本集体经济组织成员资格；其二，加入取得，即本非本集体经济组织成员，但基于一定的法律事实取得本集体经济组织成员资格，如婚姻、入赘、收养等。因此，本集体经济组织内所有成员的后代，只要一出生，无论年长年幼、是男是女，没有年龄和性别要求，都可成为本集体经济组织成员。任何组织和个人不得以民族、种族、性别、职业、家庭出身、宗教信仰、教育程度、财产状况、居住期限等理由，剥夺和非法限制农村集体经济组织成员的身份资格。

（二）外嫁女的集体经济组织成员身份认定

最高人民法院《关于审理涉及农村土地承包纠纷案件适用法律问题的解释》第22条规定，“征地补偿安置方案确定时已经具有本集体经济组织成员资格的人”，有权请求分配相应份额的征地补偿。由于法律并未明确农村集体经济组织成员的具体认定标准，一般认为，农村集体经济组织成员资格的判定标准包含以下几点：(1)是否具有农村集体经济组织所在地常住户口。(2)是否在农村集体经济组织所在地长期生产、生活。(3)是否以农村集体经济组织的土地为基本生活保障。在实践中，应参考具体情况，对外嫁女是否具有农村集体经济组织成员身份进行综合判断。

首先，外嫁女如果出嫁后，其户口仍然留在原集体，在娘家没有迁出，一般可以认定为原集体的成员。如果原集体土地被征收后,其可以要求分得其作为该集体成员应得的补偿款。但是,如果出嫁后一直在丈夫家生活,实际上就是丈夫家的土地而不是娘家的土地为其提供最基本的生存保障,此时应该认定她是丈夫所在集体的成员,而不是户口所在地集体的成员。如果丈夫家的土地被征收后,其应该作为丈夫所在集体的成员参与土地补偿款的分配,而不能因为其户口还在娘家,就认定其不是丈夫所在集体的成员。离婚后,即使妇女回到了娘家,如果该妇女仍然由原丈夫家的土地为其提供基本生存保障,则该妇女仍然是原丈夫家所在集体的成员。丧偶的情况也一样。此外,如果外嫁女嫁入城镇,但户口未迁出,也未被纳入城镇居民社会保障体系,应当认定其具有原集体经济组织成员资格。随其生活的未成年子女未取得非农业户口的,亦应当认定具有原集体经济组织成员资格。

其次,如果外嫁女在新居住地未取得土地承包权,且需要原集体的土地为其提供最基本的生存保障,那么该外嫁女同样应有权取得征地补偿款。这是因为,虽然外嫁女已经不在原农村集体经济组织所在地生活,但是其户籍仍然留在本村集体,在婆家也没有取得新的土地承包权。此时并不能认定该外嫁女已脱离与原村集体经济组织的联系,其亦有权参加分配原村的征地补偿款。

再次,外嫁女的集体经济组织成员身份判定还应考虑其父母的情况。一是父母健在时土地被征用的,外嫁女在出嫁前在娘家已分到土地的,其应当获得在原分得土地面积范围内的补偿款,娘家获得土地补偿款后应分给外嫁女一份。二是父母去世后土地被征用的,外嫁女在父母生前没有随父母生活并由其他子女赡养父母的,此时可以认定外嫁女不能获得土地补偿款。

最后,若外嫁女所在集体经济组织的村民代表大会曾认可其成员身份,此后自然也不应否定外嫁女分配土地补偿款的请求。

综上所述,妇女在农村土地承包经营等集体经济组织收益分配方面,享有与男子平等的权利。除非可认定外嫁女已脱离与原村集体经济组织的联系,否则土地补偿款原则上应该依据相等份额分配。但现实生活中,往往还存在"嫁出去的女儿泼出去的水"的传统思想,一些地方仍有不同程度歧视妇女、侵害妇女权益的情况,不同利益群体的冲突较明显。导读案例明确村集体经济组织不得损害农村妇女,特别是出嫁妇女的合法权益,对破除封建陈规陋习、引导文明乡风、弘扬社会主义核心价值观起到了积极作用。

（三）外嫁女若享有集体经济组织成员身份，则应当平等享有安置补偿权利

在司法实务中，有些集体经济组织会通过村规民约规定外嫁女不能享有集体经济组织的成员身份，而无论其户籍是否在本村、是否享有其他集体经济组织的成员权益。对此，我国虽然没有法律明文规定外嫁女是否享受拆迁补偿款，但上述村规民约与“法律面前人人平等”的精神是相悖的，与《民法典》相关制度也是冲突的。举例而言，如果外嫁女在本集体经济组织享有土地承包经营权，那么拆迁补偿中对土地承包经营权的补偿款就理应归她；如果其具有本集体经济组织的成员身份，那么拆迁如果补偿的是集体的所有权，其作为集体经济组织成员也理应享有主张补偿的权利。概言之，只要外嫁女还享有原集体经济组织的成员身份，就应当肯定其能平等享有土地征用补偿款等安置补偿的权利。

就此，2023 年 11 月 1 日，最高人民检察院、中华全国妇女联合会联合发布维护农村妇女涉土地合法权益行政检察典型案例。该批典型案例共 6 件，聚焦集体经济组织中的外嫁女涉土地合法权益保护，坚持男女平等基本国策，加大对涉及农村妇女合法权益的行政诉讼、行政非诉执行案件的监督力度，强化调查核实，妥善化解争议，以高质效法律监督推动解决妇女急难愁盼问题。

三、相关法律规定

（一）《农村土地承包法》相关规定

第 6 条　农村土地承包，妇女与男子享有平等的权利。承包中应当保护妇女的合法权益，任何组织和个人不得剥夺、侵害妇女应当享有的土地承包经营权。

第 31 条　承包期内，妇女结婚，在新居住地未取得承包地的，发包方不得收回其原承包地；妇女离婚或者丧偶，仍在原居住地生活或者不在原居住地生活但在新居住地未取得承包地的，发包方不得收回其原承包地。

第 57 条　发包方有下列行为之一的，应当承担停止侵害、排除妨碍、消除危险、返还财产、恢复原状、赔偿损失等民事责任：

（一）干涉承包方依法享有的生产经营自主权；

（二）违反本法规定收回、调整承包地；

（三）强迫或者阻碍承包方进行土地承包经营权的互换、转让或者土地经营权流转；

（四）假借少数服从多数强迫承包方放弃或者变更土地承包经营权；

(五)以划分"口粮田"和"责任田"等为由收回承包地搞招标承包;

(六)将承包地收回抵顶欠款;

(七)剥夺、侵害妇女依法享有的土地承包经营权;

(八)其他侵害土地承包经营权的行为。

(二)最高人民法院《关于审理涉及农村土地承包纠纷案件适用法律问题的解释》相关规定

第22条　农村集体经济组织或者村民委员会、村民小组,可以依照法律规定的民主议定程序,决定在本集体经济组织内部分配已经收到的土地补偿费。征地补偿安置方案确定时已经具有本集体经济组织成员资格的人,请求支付相应份额的,应予支持。但已报全国人大常委会、国务院备案的地方性法规、自治条例和单行条例、地方政府规章对土地补偿费在农村集体经济组织内部的分配办法另有规定的除外。

(三)《妇女权益保障法》相关规定

第2条　男女平等是国家的基本国策。妇女在政治的、经济的、文化的、社会的和家庭的生活等各方面享有同男子平等的权利。

国家采取必要措施,促进男女平等,消除对妇女一切形式的歧视,禁止排斥、限制妇女依法享有和行使各项权益。

国家保护妇女依法享有的特殊权益。

第55条　妇女在农村集体经济组织成员身份确认、土地承包经营、集体经济组织收益分配、土地征收补偿安置或者征用补偿以及宅基地使用等方面,享有与男子平等的权利。

申请农村土地承包经营权、宅基地使用权等不动产登记,应当在不动产登记簿和权属证书上将享有权利的妇女等家庭成员全部列明。征收补偿安置或者征用补偿协议应当将享有相关权益的妇女列入,并记载权益内容。

第56条　村民自治章程、村规民约,村民会议、村民代表会议的决定以及其他涉及村民利益事项的决定,不得以妇女未婚、结婚、离婚、丧偶、户无男性等为由,侵害妇女在农村集体经济组织中的各项权益。

因结婚男方到女方住所落户的,男方和子女享有与所在地农村集体经济组织成员平等的权益。

第75条　妇女在农村集体经济组织成员身份确认等方面权益受到侵害的,可以申请乡镇人民政府等进行协调，或者向人民法院起诉。

乡镇人民政府应当对村民自治章程、村规民约，村民会议、村民代表会议的决定以及其他涉及村民利益事项的决定进行指导，对其中违反法律、法规和国家政策规定，侵害妇女合法权益的内容责令改正；受侵害妇女向农村土地承包仲裁机构申请仲裁或者向人民法院起诉的，农村土地承包仲裁机构或者人民法院应当依法受理。

第77条　侵害妇女合法权益，导致社会公共利益受损的，检察机关可以发出检察建议；有下列情形之一的，检察机关可以依法提起公益诉讼：

（一）确认农村妇女集体经济组织成员身份时侵害妇女权益或者侵害妇女享有的农村土地承包和集体收益、土地征收征用补偿分配权益和宅基地使用权益；

（二）侵害妇女平等就业权益；

（三）相关单位未采取合理措施预防和制止性骚扰；

（四）通过大众传播媒介或者其他方式贬低损害妇女人格；

（五）其他严重侵害妇女权益的情形。

第 37 讲　国家对耕地实行哪些特殊保护措施？

一、案例导读

2021 年 3 月 26 日，郭某、吕某（乙方）与班某（甲方）签订《土地租地合同协议书》，双方约定：甲方将土地出租给乙方用作餐饮，乙方赔付甲方地上附着物（果树）22,500 元，一次性付清。协议签订后，郭某、吕某支付班某一年租金 1500 元及地上附着物款 22,500 元，并开始在涉案土地上搭建彩钢房。2021 年 3 月 28 日，郭某、吕某收到相关部门下发的拆迁通知，内容为：郭某和吕某在七星社区东耕地所建彩钢房，未经城市规划行政主管部门批准，违反了《城乡规划法》第 65 条规定，属于违章建筑，须在规定时间内自行拆除，若逾期不清理拆除者，将依法强行取缔。郭某与吕某移除搭建的彩钢房后，主张剩余款项以及彩钢房损失应当由班某支付，但班某仅退还 6000 元，不同意支付剩余款项，双方形成纠纷，诉至法院。

人民法院经审理认为，根据《民法典》的相关规定，国家对耕地实行特殊保护，严格限制农用地转为建设用地，未经依法批准，不得将承包地用于非农建设。基于涉案土地系耕地，郭某、吕某要求确认双方之间签订的《土地租地合同协议书》无效，符合法律规定。双方当事人均系完全民事行为能力人，应对租赁物系耕地的情况明显知晓，在明知耕地的情况下仍租赁并对地上附着物进行清理，双方当事人均应对合同无效产生的法律后果承担相应的责任，基于双方过错程度及地上附着物已被清理后又另行耕种的客观情况，最终人民法院认定班某应返还郭某、吕某 12,000 元，扣除已返还的 6000 元，还应返还 6000 元。

该案中,双方纠纷主要涉及国家对耕地实行特殊保护的问题。我国现行法律究竟对耕地特殊保护是如何规定的?本讲以下内容将围绕这一问题予以展开。

二、法律知识讲解

(一)何为耕地

依据《国土空间调查、规划、用途管制用地用海分类指南(试行)》给出的定义,耕地,是指利用地表耕作层种植农作物为主,每年种植一季及以上(含以一年一季以上的耕种方式种植多年生作物)的土地,包括熟地,新开发、复垦、整理地,休闲地(含轮歇地、休耕地);以及间有零星果树、桑树或其他树木的耕地;包括南方宽度 <1.0 米,北方宽度 <2.0 米固定的沟、渠、路和地坎(埂);包括直接利用地表耕作层种植的温室、大棚、地膜等保温、保湿设施用地。

耕地分为水田、水浇地和旱地 3 类。水田,是指用于种植水稻、莲藕等水生农作物的耕地,包括实行水生、旱生农作物轮种的耕地。水浇地,是指有水源保证和灌溉设施,在一般年景能正常灌溉,种植旱生农作物(含蔬菜)的耕地,包括种植蔬菜的非工厂化的大棚用地。旱地,是指无灌溉设施,主要靠天然降水种植旱生农作物的耕地,包括没有灌溉设施,仅靠引洪淤灌的耕地。

永久基本农田,是指根据一定时期人口和社会经济发展对农产品的需求以及对建设用地的预测,依据国土空间规划确定的不得擅自占用或改变用途并实行特殊保护的耕地。《土地管理法》规定永久基本农田一般应当占本行政区域内耕地的 80% 以上。

(二)耕地保护工作的重要性

十分珍惜、合理利用土地和切实保护耕地是我国的基本国策。第二次全国土地调查结果显示,我国实有耕地 20.27 亿亩,但扣除难以稳定利用、重中度污染及沉降塌陷等耕地,实际能够长期稳定利用的也就 18 亿亩多,我国面临粮食需求量大、人均耕地占有量少的现实情况。因此,守住耕地红线,守住基本农田红线,严格规范农用地管理,成为当前耕地保护的重要工作。

首先,耕地保护的根本目的是确保国家的粮食安全。耕地是稳定的农业生产基础,守住耕地红线和基本农田红线,是发展现代农业、确保粮食产量的根基和命脉。随着我国工业化、城镇化进程加快,保障国家粮食安全的任务越来越重,只有严格贯彻耕地保护政策,才能确保粮食资源的足额供应,才能保障我国人民的日常生活需要,也才能够推进经济建设。

其次,保护耕地是维护生态环境的重要途径。耕地是生态环境的重要组成部分,破坏耕地的行为不仅影响粮食生产,而且还变相损害生态环境。在我国提出力争2030年前实现碳达峰、2060年前实现碳中和的战略目标的背景下,充分利用耕地系统的固碳增氧功能,对于实现“双碳”目标具有重要意义。因此,保护耕地能够进一步增强生态系统的稳定性,不仅有利于促进碳循环向着有利人类的方向运行,而且能够持续推进生态文明建设、推动可持续发展。

最后,保护耕地就是在保护农民的土地权益。一方面,保护耕地就是在为农民生活提供保障。耕地为农民提供了最稳定的生活来源,是中国农村经济的基石,保护耕地就是在保护农民的生计来源。另一方面,保护耕地就是在保护农民的生产力,大量的耕地保护政策能够促进绿色农业的发展,提高农业的生产效率,增加农民从耕种中获取的收入。

十分珍惜、合理利用土地和切实保护耕地是我国的基本国策。保护耕地在保障国家粮食安全、维护生态环境、保障农民权益等方面具有重要意义。因此,耕地作为关系我国十几亿人口吃饭大事的最为宝贵的资源,需要坚持适用最严格的耕地保护政策。

(三)我国的耕地保护政策

我国实行严格的耕地保护政策,严格限制农用地转为建设用地,并且对耕地实施特别保护。其一,对占有耕地的补偿制度。非农业建设经批准占有耕地的,需要由占有耕地的单位负责开垦与所占用耕地数量和质量相当的耕地,如果没有条件开垦或者开垦的耕地不符合要求,应当缴纳相应的开垦费专款用于开垦新的耕地。其二,国家对耕地进行总量控制。政府及其相关部门需要严格执行土地利用总体规划和土地利用年度计划,确保本行政区域内的耕地总量不减少、质量不降低。其三,国家实行永久基本农田保护制度,并且禁止任何单位和个人闲置、荒芜耕地。在具体的耕地保护上,我国还贯彻耕地保护“五不得”“六严禁”“八不准”“四严禁”政策。

“五不得”包括:(1)不得在一般耕地上挖湖造景、种植草皮;(2)不得擅自扩大退耕还林还草还湖规模;(3)不得违规超标准在铁路、公路等用地红线外,以及河渠两侧、水库周边占用一般耕地种树建设绿化带;(4)未经批准不得占用一般耕地实施国土绿化;(5)未经批准工商企业等社会资本不得将通过流转获得土地经营权的一般耕地转为林地、园地等其他农用地。

“六严禁”包括：(1)严禁违规占用耕地绿化造林；(2)严禁超标准建设绿色通道；(3)严禁违规占用耕地挖湖造景；(4)严禁占用永久基本农田扩大自然保护地；(5)严禁违规占用耕地从事非农建设；(6)严禁违法违规批地用地。

“八不准”包括：(1)不准占用永久基本农田建房；(2)不准强占多占耕地建房；(3)不准买卖、流转耕地违法建房；(4)不准在承包耕地上违法建房；(5)不准巧立名目违法占用耕地建房；(6)不准违反“一户一宅”规定占用耕地建房；(7)不准非法出售占用耕地建的房屋；(8)不准违法审批占用耕地建房。

此外，还有永久基本农田的“四严禁”，包括：(1)严禁将永久基本农田转为其他农用地及农业设施建设用地；(2)严禁发展林果业和挖塘养鱼，严禁种植苗木、草皮等用于绿化装饰及其他破坏耕作层的植物；(3)严禁挖湖造景、建设绿化带；(4)严禁新增建设畜禽养殖设施、水产养殖设施和破坏耕作层的种植业设施。

三、相关法律规定

(一)《民法典》相关规定

第 153 条　违反法律、行政法规的强制性规定的民事法律行为无效。但是，该强制性规定不导致该民事法律行为无效的除外。

违背公序良俗的民事法律行为无效。

第 244 条　国家对耕地实行特殊保护，严格限制农用地转为建设用地，控制建设用地总量。不得违反法律规定的权限和程序征收集体所有的土地。

第 334 条　土地承包经营权人依照法律规定，有权将土地承包经营权互换、转让。未经依法批准，不得将承包地用于非农建设。

第 1234 条　违反国家规定造成生态环境损害，生态环境能够修复的，国家规定的机关或者法律规定的组织有权请求侵权人在合理期限内承担修复责任。侵权人在期限内未修复的，国家规定的机关或者法律规定的组织可以自行或者委托他人进行修复，所需费用由侵权人负担。

(二)《土地管理法》相关规定

第 3 条　十分珍惜、合理利用土地和切实保护耕地是我国的基本国策。各级人民政府应当采取措施，全面规划，严格管理，保护、开发土地资源，制止非法占用土地的行为。

第 4 条　国家实行土地用途管制制度。

国家编制土地利用总体规划，规定土地用途，将土地分为农用地、建设用地和未利用地。严格限制农用地转为建设用地，控制建设用地总量，对耕地实行特殊保护。

前款所称农用地是指直接用于农业生产的土地，包括耕地、林地、草地、农田水利用地、养殖水面等；建设用地是指建造建筑物、构筑物的土地，包括城乡住宅和公共设施用地、工矿用地、交通水利设施用地、旅游用地、军事设施用地等；未利用地是指农用地和建设用地以外的土地。

使用土地的单位和个人必须严格按照土地利用总体规划确定的用途使用土地。

第 30 条　国家保护耕地，严格控制耕地转为非耕地。

国家实行占用耕地补偿制度。非农业建设经批准占用耕地的，按照"占多少，垦多少"的原则，由占用耕地的单位负责开垦与所占用耕地的数量和质量相当的耕地；没有条件开垦或者开垦的耕地不符合要求的，应当按照省、自治区、直辖市的规定缴纳耕地开垦费，专款用于开垦新的耕地。

省、自治区、直辖市人民政府应当制定开垦耕地计划，监督占用耕地的单位按照计划开垦耕地或者按照计划组织开垦耕地，并进行验收。

第 33 条　国家实行永久基本农田保护制度。下列耕地应当根据土地利用总体规划划为永久基本农田，实行严格保护：

（一）经国务院农业农村主管部门或者县级以上地方人民政府批准确定的粮、棉、油、糖等重要农产品生产基地内的耕地；

（二）有良好的水利与水土保持设施的耕地，正在实施改造计划以及可以改造的中、低产田和已建成的高标准农田；

（三）蔬菜生产基地；

（四）农业科研、教学试验田；

（五）国务院规定应当划为永久基本农田的其他耕地。

各省、自治区、直辖市划定的永久基本农田一般应当占本行政区域内耕地的百分之八十以上，具体比例由国务院根据各省、自治区、直辖市耕地实际情况规定。

第 38 条　禁止任何单位和个人闲置、荒芜耕地。已经办理审批手续的非农业建设占用耕地，一年内不用而又可以耕种并收获的，应当由原耕种该幅耕地的集体或者个人恢复耕种，也可以由用地单位组织耕种；一年以上未动工建设的，应当按照省、自治区、直辖市的规定缴纳闲置费；连续二年未使用的，经原批准机关批准，由县级以上人民政府无偿收回用地单位的土地使用权；该幅土地原为农民集体所有的，应当交由原农村集体经济组织恢复耕种。

在城市规划区范围内，以出让方式取得土地使用权进行房地产开发的闲置土地，依照《中华人民共和国城市房地产管理法》的有关规定办理。

第 77 条　未经批准或者采取欺骗手段骗取批准，非法占用土地的，由县级以上人民政府自然资源主管部门责令退还非法占用的土地，对违反土地利用总体规划擅自将农用地改为建设用地的，限期拆除在非法占用的土地上新建的建筑物和其他设施，恢复土地原状，对符合土地利用总体规划的，没收在非法占用的土地上新建的建筑物和其他设施，可以并处罚款；对非法占用土地单位的直接负责的主管人员和其他直接责任人员，依法给予处分；构成犯罪的，依法追究刑事责任。

超过批准的数量占用土地，多占的土地以非法占用土地论处。

第 79 条　无权批准征收、使用土地的单位或者个人非法批准占用土地的，超越批准权限非法批准占用土地的，不按照土地利用总体规划确定的用途批准用地的，或者违反法律规定的程序批准占用、征收土地的，其批准文件无效，对非法批准征收、使用土地的直接负责的主管人员和其他直接责任人员，依法给予处分；构成犯罪的，依法追究刑事责任。非法批准、使用的土地应当收回，有关当事人拒不归还的，以非法占用土地论处。

非法批准征收、使用土地，对当事人造成损失的，依法应当承担赔偿责任。

（三）《乡村振兴促进法》相关规定

第 14 条　国家建立农用地分类管理制度，严格保护耕地，严格控制农用地转为建设用地，严格控制耕地转为林地、园地等其他类型农用地。省、自治区、直辖市人民政府应当采取措施确保耕地总量不减少、质量有提高。

国家实行永久基本农田保护制度，建设粮食生产功能区、重要农产品生产保护区，建设并保护高标准农田。

地方各级人民政府应当推进农村土地整理和农用地科学安全利用，加强农田水利等基础设施建设，改善农业生产条件。

（四）《土地管理法实施条例》相关规定

第 9 条　禁止任何单位和个人在国土空间规划确定的禁止开垦的范围内从事土

地开发活动。

按照国土空间规划，开发未确定土地使用权的国有荒山、荒地、荒滩从事种植业、林业、畜牧业、渔业生产的，应当向土地所在地的县级以上地方人民政府自然资源主管部门提出申请，按照省、自治区、直辖市规定的权限，由县级以上地方人民政府批准。

第12条　国家对耕地实行特殊保护，严守耕地保护红线，严格控制耕地转为林地、草地、园地等其他农用地，并建立耕地保护补偿制度，具体办法和耕地保护补偿实施步骤由国务院自然资源主管部门会同有关部门规定。

非农业建设必须节约使用土地，可以利用荒地的，不得占用耕地；可以利用劣地的，不得占用好地。禁止占用耕地建窑、建坟或者擅自在耕地上建房、挖砂、采石、采矿、取土等。禁止占用永久基本农田发展林果业和挖塘养鱼。

耕地应当优先用于粮食和棉、油、糖、蔬菜等农产品生产。按照国家有关规定需要将耕地转为林地、草地、园地等其他农用地的，应当优先使用难以长期稳定利用的耕地。

第38讲　邻里间可以互换土地耕种吗？

一、案例导读

原告郎某某因经营养殖场，需要整合土地盖鸡舍和临时性住房。郎某某找到被告高某某，口头约定用郎某某的4亩旱田换取高某某自留地2亩。郎某某在互换后的土地上铺垫了风化石和黄土，并盖了鸡舍和临时性住房。后郎某某因经营不善，先后拆除鸡舍和临时性住房，但未将土地恢复原样，存有大量的黄土、砂石和房屋拆除的建筑垃圾。现郎某某找高某某要求解除土地互换合同，高某某不同意，遂诉至法院。柳河县人民法院判决驳回郎某某诉讼请求，郎某某不服提出上诉，通化市中级人民法院判决驳回上诉，维持原判。

该案中，双方纠纷主要涉及承包地的互换问题。我国现行法律对承包地的互换问题究竟是如何规定的？本讲以下内容将围绕这一问题予以展开。

二、法律知识讲解

（一）邻里之间互换土地耕种的价值

邻里之间承包土地互换耕种的现象在农村普遍存在，此种行为实际上属于农村土地承包经营权的相互转让。依据《农村土地承包法》第17条的规定，承包方享有依法互换、转让土地承包经营权的权利。这意味着在满足法定条件的前提下，农村村民之间可以就土地使用权进行自由协商，实现土地的灵活配置和资源的有效利用。此外，依据《民法典》第334条的规定，土地承包经营权人依照法律规定，有权将土地承包经营权互换或者转让。由此可知，为方便邻里之间的耕种或者各自管理的需要，可以对属于同一集体经济组织的土地承包经营权进行互换,互换后的双方均取得对方的土地承包经营权,丧失自己的原有土地承包经营权。因此,邻里之间的土地互换在法律上是被允许的,这在为农民提供一种合法、有效的土地资源管理方式的同时,亦可通过互换,使双方可以更好地适应农业生产的需要,以实现资源的合理配置,促进农业经济的可持续发展的目的。

(二)邻里之间口头互换土地协议是否合法有效

邻里之间可以通过口头协议互换土地,这种协议在法律上是合法有效的。《农村土地承包法》第33条规定,承包方之间为方便耕种或者各自需要,可以对属于同一集体经济组织的土地的土地承包经营权进行互换,并向发包方备案。此处是法律对土地承包经营权互换耕种规定的具体条件,其并未明确规定邻里之间必须采用书面的土地互换协议方能互换土地耕种。此外,依据《民法典》第469条的规定,当事人订立合同,可以采用书面形式、口头形式或者其他形式。虽然口头协议,在发生纠纷之时,可能发生举证困难的问题,但在实践中,邻里之间互换土地,往往都是采用口头的方式,极少签订书面合同。并且就互换土地而言,往往是有客观事实存在的,比如,王家与李家互换土地耕种后,王家种了李家的地,李家也种了王家的地,这种客观事实的存在是对口头协议的有效证明。因此,邻里之间通过口头协议互换土地是合法且有效的做法。

(三)邻里之间互换土地承包经营权,是否必须登记

《民法典》第335条规定:"土地承包经营权互换、转让的,当事人可以向登记机构申请登记;未经登记,不得对抗善意第三人。"《农村土地承包法》第35条规定:"土地承包经营权互换、转让的,当事人可以向登记机构申请登记。未经登记,不得对抗善意第三人。"由此可见,邻里之间通过协商,互换土地承包经营权后,该转让行为便在当事人双方之间发生法律效力,并不强制要求当事人登记。当然,如果当事人之间不登记,则不能对抗善意第三人。如王家与李家互换土地耕种后,王家又与齐家互换土地耕种,并办理了登记。由于王家与李家之间的互换并未进行登记,故不能对抗善意不知情的齐家,故王家与齐家互换土地成功,而李家则面临无法互换土地的问题。

(四)邻里之间互换土地承包经营权能否基于互换期限不明确而随时解除合同

邻里之间互换土地承包经营权时通常没有约定互换的期限,依据《土地管理法》

第 13 条的规定可知，家庭承包的耕地的承包期为 30 年，如果双方没有约定期限，那么另一方能否以互换期限不明确为由解除合同？根据《民法典》第 510 条可知：合同生效后，当事人就履行期限没有约定或者约定不明确时，可以补充协议，不能达成协议的，按照合同相关条款或者交易习惯确定。因此，对于邻里之间互换土地承包经营权的互换期限，有约定的应当按照约定，无约定的可以协议补充，在无法达成协议的情况下，应当按照合同相关条款或者交易习惯加以确定。在相关案件中，虽然没有证据表明双方互换土地承包经营权的期限，但并不能基于不明确期限就可以随时解除互换合同。否则，将使流转永远成为一种不移交、不确定状态，即任何一方均可随时解除合同，这不符合立法所保护的互换流转承包经营权的本意。因此，不能以没有明确的互换期限而主张解除合同，应当从尊重历史、照顾现实的角度综合判断合同期限问题。

（五）邻里之间互换土地之后，能否反悔不换

合同的订立采用自愿、平等的原则，无论是书面、口头还是其他形式，均应当受到法律的保护。在邻里之间的土地互换中，双方为各自的需要和生活便利而进行承包地的互换耕种，这是在遵循自愿、平等原则，并符合法律规定的基础上订立的协议。因此，自愿和平等原则是土地互换过程的基石。此外，依据《民法典》第 7 条的规定，民事主体从事民事活动，应当遵循诚信原则，秉持诚实，恪守承诺。在土地互换的背景下，诚信原则要求合同双方保持真实、诚实的态度，履行已经作出的承诺。这不仅有助于维护当事人的合法权益，也有助于建立互信关系，从而促进村民之间的和谐互动。因此，互换土地的当事人在自愿和平等基础上订立土地互换协议后，应当遵循诚实信用原则，不得随意反悔。

三、相关法律规定

（一）《民法典》相关规定

第 334 条　土地承包经营权人依照法律规定，有权将土地承包经营权互换、转让。未经依法批准，不得将承包地用于非农建设。

（二）《农村土地承包法》相关规定

第 10 条　国家保护承包方依法、自愿、有偿流转土地经营权，保护土地经营权人的合法权益，任何组织和个人不得侵犯。

第 33 条　承包方之间为方便耕种或者各自需要，可以对属于同一集体经济组织

的土地的土地承包经营权进行互换，并向发包方备案。

第34条　经发包方同意，承包方可以将全部或者部分的土地承包经营权转让给本集体经济组织的其他农户，由该农户同发包方确立新的承包关系，原承包方与发包方在该土地上的承包关系即行终止。

第35条　土地承包经营权互换、转让的，当事人可以向登记机构申请登记。未经登记，不得对抗善意第三人。

第36条　承包方可以自主决定依法采取出租（转包）、入股或者其他方式向他人流转土地经营权，并向发包方备案。

第38条　土地经营权流转应当遵循以下原则：

（一）依法、自愿、有偿，任何组织和个人不得强迫或者阻碍土地经营权流转；

（二）不得改变土地所有权的性质和土地的农业用途，不得破坏农业综合生产能力和农业生态环境；

（三）流转期限不得超过承包期的剩余期限；

（四）受让方须有农业经营能力或者资质；

（五）在同等条件下，本集体经济组织成员享有优先权。

第40条　土地经营权流转，当事人双方应当签订书面流转合同。

土地经营权流转合同一般包括以下条款：

（一）双方当事人的姓名、住所；

（二）流转土地的名称、坐落、面积、质量等级；

（三）流转期限和起止日期；

（四）流转土地的用途；

（五）双方当事人的权利和义务；

（六）流转价款及支付方式；

（七）土地被依法征收、征用、占用时有关补偿费的归属；

（八）违约责任。

承包方将土地交由他人代耕不超过一年的，可以不签订书面合同。

第60条　任何组织和个人强迫进行土地承包经营权互换、转让或者土地经营权流转的，该互换、转让或者流转无效。

（三）最高人民法院《关于审理涉及农村土地承包纠纷案件适用法律问题的解释》相关规定

第13条　承包方未经发包方同意，转让其土地承包经营权的，转让合同无效。但发包方无法定理由不同意或者拖延表态的除外。

第七部分
基层民主中的常见情况处理

第 39 讲　参加村委会选举，应符合哪些条件?

一、案例导读

顾某某系某村村民，在该村第十一届村民委员会选民名单中，顾某某并未发现自己的名字。其遂向村民选举委员会提出申诉，村民选举委员会回复认为顾某某系户籍在本村的外嫁女后代，经村民代表大会表决决定不予登记选民名单。顾某某认为该行为侵犯了自己的选举及被选举的权利，故诉请确认其具有选民资格。

人民法院审理认为，《村民委员会组织法》《浙江省村民委员会选举办法》并未规定对村民选举委员会公布的选民名单有不同意见的可以向人民法院起诉。综上，该案不属于人民法院受理的选民资格案件范围，故裁定驳回起诉。

该案中，双方纠纷主要涉及选民资格的认定问题。我国现行法律对选民资格条件究竟是如何规定的？本讲以下内容将围绕这一问题予以展开。

二、法律知识讲解

(一)村民委员会选举的相关概念

1. 选举权

根据《全国人民代表大会和地方各级人民代表大会选举法》的规定，选举权是指公民可以参加选举活动，按照本人的自由意志投票选举人民代表等职务的权利，即参加投票选举的权利；被选举权是指公民可以被提名为人民代表等职务的候选人，当选为人民代表等职务的权利。选举权和被选举权是公民的一项基本政治权利，是公民参与国家管理的必要前提和有效途径。同理，村民也有权参与村民委员会的选举，但村民需要满足一定的条件才能有资格参与村民委员会的选举。

2. 村民委员会和村民选举委员会

村民委员会是村民自我管理、自我教育、自我服务的基层群众性自治组织，实行民主选举、民主决策、民主管理、民主监督。村民委员会每届任期5年，届满应当及时举行换届选举，并且村民委员会成员可以连选连任。遇特殊情况需要提前或者延期的，由乡、镇人民政府报县级人民政府批准，提前或者延期一般不得超过6个月。任何组织和个人不得指定、委派或者撤换村民委员会成员。

村民委员会的选举由村民选举委员会主持。村民选举委员会由主任和委员共5~9人组成，由村民会议、村民代表会议或者各村民小组会议推选产生，推选方式和具体名额由村民会议或者村民代表会议讨论通过。一些地方立法还对此予以了细化，比如根据《浙江省村民委员会选举办法》的规定，村民选举委员会成员的名单还应当及时公布并报送乡、镇人民政府村民委员会选举工作指导机构备案。

3. 村民委员会的选举流程

村民委员会选举由村民选举委员会负责，一般按照如下流程进行：首先，进行选举宣传。村民选举委员会需要进行村民委员会选举的宣传，公布相关选举政策和方案。其次，登记参加选举的村民。村民选举委员会需要对登记参加选举的村民名单进行审核确认，并在选举日的20日前公布。再次，确定正式候选人。实行有候选人差额选举的，由登记参加选举的村民直接提名候选人，并以得票多少为序，确定正式候选人名单。实行无候选人自荐直选的，村民选举委员会应当组织选民自荐竞职，并在选举日的5日前按姓名笔画顺序张榜公布。最后，通过投票进行选举。在投票选举前，村民委员会应当组织候选人与村民见面，展开竞职陈述。实行有候选人差额选举的，登记参加选举的村民可以对候选人投赞成票，也可以投反对票、弃权票，也可另选其他选民；实行无候选人自荐直选的，选民可以投票选举自荐人，可以另选其他选民，也可以弃权。

（二）选民资格的认定

公民只有满足如下条件，才能作为选民参与选举：

其一，年满18周岁。根据《全国人民代表大会和地方各级人民代表大会选举法》《村民委员会组织法》等规定，为确保选民具备成熟的思维和决策能力，在村民委员会选举过程中，只有年满18周岁的村民才能享有选举权与被选举权。

其二,未被剥夺政治权利。根据《村民委员会组织法》第13条第1款的规定,年满18周岁的村民,不分民族、种族、性别、职业、家庭出身、宗教信仰、教育程度、财产状况、居住期限,都有选举权和被选举权,但是依照法律被剥夺政治权利的人除外。因此,参加村民委员会选举的村民应当未被剥夺政治权利。

其三,户籍在本村或者户籍不在本村但在本村居住1年以上。村民委员会选举前,应当对下列人员进行登记,列入参加选举的村民名单:首先,户籍在本村且在本村居住的村民,应当具备参选的资格;其次,户籍在本村,但不在本村居住的村民,若本人表示参加选举,则具备参选的资格;最后,户籍不在本村,但在本村实际居住1年以上的村民,本人申请参加选举并且经过村民会议或者村民代表会议同意的,则具备参选的资格。值得注意的是,如果村民已在户籍所在村或者居住村登记参加选举,其不得再参加其他地方村民委员会的选举。同时,经村民选举委员会告知,本人书面表示不参加选举的,不列入参加选举的村民。

其四,其他不得参与村民委员会选举的情形。根据《村民委员会选举规程》的规定,无行为能力或者被判处刑罚的,不得提名为候选人。换言之,登记参加选举的村民若要成为村民委员会的正式候选人,则应当具备民事行为能力,并且不得被判处刑罚。值得注意的是,不同地区的村民委员会选举办法会对村民参与选举作出一些更细致的规定。比如,有的地区村民委员会选举办法规定:有越级上访、受到信访等部门处理的,不宜担任村委员会成员;新进村民委员会人员,年龄原则上在40周岁以下,大专以上文化程度。

(三)村民选举权的救济

其一,对登记参加选举的村民名单持有异议。若村民对登记参加选举的村民名单有异议,应当自名单公布之日起5日内向村民选举委员会申诉,村民选举委员会应当自收到申诉之日起3日内作出处理决定,并公布处理结果。

其二,不愿接受提名的救济。若登记参加选举的村民不愿意接受提名,则该村民应当及时向村民选举委员会书面提出,由村民选举委员会确认并公布。

其三,对村民委员会投票选举的监督。以浙江为例,根据《浙江省村民委员会选举办法》的相关规定,村民有权向乡、镇人民代表大会和人民政府或者县级人民代表大会常务委员会和人民政府及其有关主管部门举报下列行为:"(一)以暴力、威胁、欺骗、贿赂、伪造选票、虚报选举票数等不正当手段,妨害村民行使选举权、被选举权,破坏村民委员会选举的;(二)砸毁票箱、撕毁选票、冲击选举会场的;(三)对检举村民委员会选举中的违法行为或者提出罢免要求的村民进行打击、报复的;(四)其他破坏、妨害选举的行为。"

三、相关法律规定

(一)《宪法》相关规定

第34条　中华人民共和国年满十八周岁的公民,不分民族、种族、性别、职业、家庭出身、宗教信仰、教育程度、财产状况、居住期限,都有选举权和被选举权;但是依照法律被剥夺政治权利的人除外。

(二)《全国人民代表大会和地方各级人民代表大会选举法》相关规定

第4条　中华人民共和国年满十八周岁的公民,不分民族、种族、性别、职业、家庭出身、宗教信仰、教育程度、财产状况和居住期限,都有选举权和被选举权。

依照法律被剥夺政治权利的人没有选举权和被选举权。

(三)《村民委员会组织法》相关规定

第13条　年满十八周岁的村民,不分民族、种族、性别、职业、家庭出身、宗教信仰、教育程度、财产状况、居住期限,都有选举权和被选举权;但是,依照法律被剥夺政治权利的人除外。

村民委员会选举前,应当对下列人员进行登记,列入参加选举的村民名单:

(一)户籍在本村并且在本村居住的村民;

(二)户籍在本村,不在本村居住,本人表示参加选举的村民;

(三)户籍不在本村,在本村居住一年以上,本人申请参加选举,并且经村民会议或者村民代表会议同意参加选举的公民。

已在户籍所在村或者居住村登记参加选举的村民,不得再参加其他地方村民委员会的选举。

第 40 讲　哪些事项村民委员会应该及时公开？

一、案例导读

顾某萍、董某昌夫妇向嘉善县干窑镇新星村经济合作社租赁厂房，设立嘉善双赢轴承厂。但该厂房实为新星村经济合作社未经批准占用集体土地建设的违法建筑，于 2014 年 8 月 22 日被法院裁定需自行拆除。顾某萍、董某昌认为该厂房被强拆，以个人名义向其所在村新星村村委会提出村务公开申请，要求获取“新星村高速公路”“饶某军建造新星村标准厂房”“新星村文化中心”“川气东送管道”“村委会园区厂房”等相关法律依据和具体信息。新星村村委会认为，上述内容不属于村务公开范围，其答复也得到了嘉善县人民政府与嘉兴市人民政府的认可。顾某萍、董某昌夫妇对此不服，向法院起诉。法院认为，上述信息与原告生活、生产、科研等需要没有直接关系，因此不属于村务公开范畴。

该案中，双方纠纷主要涉及村民委员会的村务公开范围问题。我国现行法律对村民委员会的村务公开范围究竟是如何规定的？本讲以下内容将围绕这一问题予以展开。

二、法律知识讲解

（一）什么是村务公开

村务公开，是指村民委员会把处理本村涉及国家的、集体的和村民群众利益的事务的相关情况，通过纸质、网页等一定形式和程序告知全体村民，并由村民参与管理、实施监督的一种民主行为。

村务公开可分为村务主动公开和村务依申请公开。村务主动公开就是村里大喇叭、公告栏上贴上村务相关的通知、文件、照片,或者在网站上公开电子版的文件、照片等。而村务依申请公开,是指通过利益相关人员填写村务公开申请表,然后邮寄或去村委会现场提交。

村务公开制度的核心是保障村民对涉及本村村民利益、村民普遍关心事项的知情权,故申请村务公开的主体必须是村民。根据《村民委员会组织法》的规定,村民一般是指户籍在本村,同时是本集体经济组织成员的公民。只有本村村民,才具有申请村务公开的资格,其他人不是申请村务公开的主体,也无法取得法律规定的救济。如果撤村转居了,还可以向居委会申请村务公开吗？答案是肯定的。以想要公开村集体的财务信息为例,《农村集体经济组织财务公开规定》第 2 条、第 5 条规定,在撤村转居后,代行原集体经济组织职能的城市居民委员会仍负有集体经济组织财产的公开职责。

同时,根据《村民委员会组织法》第 30 条的规定,村民委员会实行村务公开制度,村民只能向村民委员会提交村务公开申请。除此之外,其他主体都不具有公开的职权。

从公开时间看,一般事项至少每季度公布一次;集体财务往来较多的,财务收支情况应当每月公布一次;涉及村民利益的重大事项应当随时公布。从公开方式看,村集体经济组织应当设置固定的公开栏进行财务公开。同时,也可以通过广播、网络、会议、电子触摸屏等形式进行辅助公开。

(二)村务公开和政府信息公开的区别

从流程看,村务公开和政府信息公开的流程十分相似,都可以分为主动公开和依申请公开两种方式。因此,很多人会把村务公开误当作政府信息公开的一种,但是实际上,村务公开不等于政府信息公开。

首先,二者的区别体现在申请的主体不同,村务公开必须由村民向村民委员会申请,但政府信息公开的申请主体包括公民、法人和其他组织,公开主体包括人民政府和政府部门。从政府信息的定义看,根据《政府信息公开条例》第 2 条的规定,本条例所称政府信息,是指行政机关在履行行政管理职能过程中制作或者获取的,以一定形式记录、保存的信息。村民委员会属于基层群众自治性组织而非政府机关,因此村务公开不属于政府信息公开的范畴。

其次，正是由于村务公开不属于政府信息公开的范围，因此它的回复期限也不受《政府信息公开条例》的约束，不必在20个工作日内回复。

最后，从救济途径看，政府信息公开属于行政行为，根据《行政复议法》第23条的规定，行政相对人对不予公开政府信息行为不服的，应当先申请行政复议，对行政复议决定不服的，可以再依法向人民法院提起行政诉讼。而村务公开则不同，对其不服的，不能直接进行诉讼或复议，要向乡镇政府提交查处。

（三）村务公开的范围

《村民委员会组织法》第30条规定了村委会应当及时公布的事项范围。综合起来看，主要包括以下3类：

一是村级政务公开事项。主要是指由上级政府、职能部门下达的，由村民委员会协助办理、管理的涉及村民利益的各项事务。一般包括各级党委和政府支农惠农政策以及国家其他补贴农民、支持村集体的政策落实情况等事项。

二是村级财务公开事项。主要包括征地补偿费的使用及分配、村集体经济所得收入及使用、村干部报酬、村集体资产和资源处置情况、村集体债权债务、村内"一事一议"筹资筹劳，以及社会各界支持农村建设项目、资金及其使用情况等事项。

三是村民自治事务公开事项。主要是指涉及全体村民利益、要由村民讨论决定、属于村民自治范围内的事务。

该案中，顾某萍、董某昌夫妇申请公开的信息与其生活、生产、科研等需要均无直接关系，且多数信息并非涉及村民切身利益，因此被认定不属于村务公开的范围。

（四）不公开村务信息的救济途径

村民委员会不及时公布应当公布的事项或者公布的事项不真实的，根据《村民委员会组织法》第31条的规定，村民有权向乡、民族乡、镇的人民政府或者县级人民政府及其有关主管部门反映，有关人民政府或者主管部门应当负责调查核实，责令依法公布，且经查证确有违法行为的，有关人员应当依法承担责任。《村民委员会组织法》第36条第2款规定，村民委员会不依照法律、法规的规定履行法定义务的，由乡、民族乡、镇的人民政府责令改正。

乡政府之所以能够责令村委会改正，背后的原理在于，根据职权法定原则，行政机关对特定事项行使管辖权，必须基于法律、法规、规章的授权并在授权范围内行使权力。而法律赋予了乡镇政府对村务公开进行监督的职责。《农村集体经济组织财务公开规定》第 15 条规定，县级以上农村经营管理部门和乡（镇）党委、政府指导和监督村集体经济组织依照本规定实行财务公开，指导和监督村集体经济组织建立健全财务公开制度，对财务公开中存在的问题进行查处。

再进一步讲，乡镇人民政府未责令改正的，村民可据此提起对乡政府的复议或诉讼程序。具体而言，乡镇政府对申诉完全置之不理的，属于典型的行政不作为，村民可以对该行为先提起行政复议，对复议决定不服的，可以提起诉讼；乡镇政府认为村委会的不公开决定合法的，村民可以在行政复议和行政诉讼两种救济方式中择一行使，以更好地维护其知情权，保证其合法权益不受侵犯。当然需要注意的是，此处复议和诉讼的对象均为乡政府，村民对村委会不予公开有关信息的决定不服的，无法通过上述两种途径解决，只能先请求乡政府责令改正。

三、相关法律规定

《村民委员会组织法》相关规定

第 30 条　村民委员会实行村务公开制度。

村民委员会应当及时公布下列事项，接受村民的监督：

（一）本法第二十三条、第二十四条规定的由村民会议、村民代表会议讨论决定的事项及其实施情况；

（二）国家计划生育政策的落实方案；

（三）政府拨付和接受社会捐赠的救灾救助、补贴补助等资金、物资的管理使用情况；

（四）村民委员会协助人民政府开展工作的情况；

（五）涉及本村村民利益，村民普遍关心的其他事项。

前款规定事项中，一般事项至少每季度公布一次；集体财务往来较多的，财务收支情况应当每月公布一次；涉及村民利益的重大事项应当随时公布。

村民委员会应当保证所公布事项的真实性，并接受村民的查询。

第41讲　选举村委会成员时，出现“贿选”情况该如何处理？

一、案例导读

2021年2月23日，袁某利在某商店放了3张选举承诺书。2021年2月25日，被本村会计栾某山举报，袁某利被传唤到大绥河派出所，当时派出所所长称选举承诺书是正能量的，但违不违规不能确定，要和有关领导商议。2021年2月27日，袁某利被找到派出所，宋所长告知其违反了村民选举指导手册中的“十个严禁”。2021年3月12日，袁某利到民政局选举科咨询，选举科的科长称，这样的行为是不违法的，只是形式欠妥。2021年4月6日，袁某利被本村选举委员会副主任刘某电话通知被取消被选举权，具体原因不清楚。2021年4月6～10日，袁某利多次找镇政府王某瑞进行申诉，直至2021年4月12日袁某利得到王某瑞的口头答复，称其违反《吉林省村民选举指导手册》中“十个严禁”第2条和第3条规定，涉嫌拉票“贿选”。袁某利认为，其行为并不违反该规定，请求法院维护其合法权利。司法机关认为，该案件不属于人民法院的受理范围，因此，裁定不予受理。

该案涉及的问题是村委会选举期间，“贿选”行为的认定、如何处置“贿选”行为以及村委会选举过程中涉及的纠纷是否属于人民法院的受理范围等相关问题。

该案中，双方纠纷主要涉及村委会选举中“贿选”情况的处理问题。我国现行法律对处理村委会选举中“贿选”的规定究竟是怎样的？本讲以下内容将围绕这一问题予以展开。

二、法律知识讲解

(一)"贿选"行为的认定

随着村民自治实践的不断深入和农民群众价值取向的日益多元,新的竞选手段不断出现,也随之带来了"贿选"等问题。为保证村委会选举的公正性,首先应当对"贿选"行为进行界定,对"贿选"行为的界定应当从如下几个方面进行:其一,贿选的时间范围。贿选行为的发生时间应在村委会选举过程中,具体可包括以下几个阶段:(1)提名阶段,候选人宣布参选后,可能就会开始寻找支持者,进行拉票活动,并在这个阶段可能就会有一些非法手段的运用。(2)竞选活动期间,在正式的竞选活动期间,候选人为争取选民的支持可能会加大活动的力度,包括资金的使用。这一阶段贿选活动可能进一步升级。(3)选举前夕,在选举临近的时候,贿选活动可能会更激烈,包括向选民分发财物、提供服务,甚至直接行贿等手段。其二,贿选的主体。贿选现象是行贿人和受贿人等行动者在特定条件下,为了自身的利益相互作用而发生的。因此,贿选的主体包含行贿人与受贿人,其中行贿主体通常是指村委会成员候选人及其代理人或亲友等人员。而受贿主体可能是享有投票表决权的代表或选民,亦可能是一些地方性的、通过其影响力来影响选民投票行为的权势人物。除此之外,参与选举的候选人亦可能成为受贿的主体,行贿人可通过给予候选人利益,来谋取候选人的支持或合作。其三,贿选的手段。在村委会选举中,影响选民投票的贿选行为具有多样性,具体可能包含涉及金额较小的金钱和实物贿选、服务贿选、赠送福利贿选、滥发承诺贿选、地方势力介入贿选等多种贿选方式,以破坏选举的公正性和廉洁性。其四,贿选的方式。贿选方式可以分为直接贿选和间接贿选两种方式,具体取决于行贿手段,通常直接的金钱给付、物质福利等手段被视为直接贿选方式,而间接贿选方式则包含滥发承诺、政治利益交换等手段。

综上所述,村委会选举的贿选,是指在村民委员会选举的过程中,候选人及其代理人或亲友直接、间接或指使他人用财物或者其他利益收买本村选民、选举工作人员或者其他候选人,影响或左右选民意愿的行为。

(二)贿选行为的特征

在农村传统的熟人社会中,需要在处理贿选问题时保持严谨和科学的态度。一方面,必须坚决查处贿选等违法违纪行为;另一方面,需要科学区分贿选和一般人情往来、候选人捐助公益事业以及承诺经济担保等行为的区别,以防止对村民选举热情产生负面影响。在通常情况下，贿选具有以下特点：(1) 特定指向，贿选的利益获得者是某一部分特定个体，通过贿选获得的利益是排他的。贿选者只向承诺投其票的村民提供好处，而不会向未承诺投票的村民提供相同的好处。(2) 排他性利益，贿选带来的好处是有限和具体的，只限于贿选者和承诺支持者之间的交往，而不是全体村民共享。相比之下，一般的人情往来、候选人捐助公益事业以及承诺经济担保等行为更广泛，其具有如下特征：(1) 面向全体，候选人承诺的行为通常是面向全体村民的，如捐钱捐物改善生产生活条件，利益的获得者是全体村民，而不是特定的个体。(2) 非排他性利益，这些行为带来的好处是开放和非排他的，不因村民是否投其票而有所差异。因此，在制定政策和法规时，应该考虑这些差异，以便合理区分贿选行为和正常的候选人与选民互动，确保不会阻碍村民对选举的参与热情。

(三) 村委会选举期间的贿选行为应当如何处理

公安部门和纪检监察机关牵头负责调查核实换届期间贿选等破坏换届选举行为，乡镇党委和其他部门密切配合。首先，对查证属实的贿选行为，情节较轻的，给予批评教育，或责令作出书面检查。由公安部门依照《治安管理处罚法》第 23 条的规定给予行政处罚，即对于扰乱选举秩序的行为，应当处警告或者 200 元以下罚款；情节较重的，处 5 日以上 10 日以下拘留，可以并处 500 元以下罚款。其次，违反党纪的，由纪检监察机关依照《中国共产党纪律处分条例》相关规定，追究党纪责任。最后，对于涉嫌违法犯罪的，根据《选举法》第 58 条的规定，为保障选民和代表自由行使选举权和被选举权，对于以金钱或者其他财物贿赂选民或者代表，妨害选民和代表自由行使选举权和被选举权的行为，构成犯罪的，依法追究刑事责任。同时，根据《村民委员会组织法》第 17 条的规定，以暴力、威胁、欺骗、贿赂、伪造选票、虚报选举票数等不正当手段当选村民委员会成员的，当选无效。

(四) 村委会选举中举报贿选纠纷能否提起诉讼

村委会选举中举报贿选行为，但政府不予调查处理之时，举报人能否提起行政诉讼？依据《村民委员会组织法》第 2 条的规定，村民委员会是村民自我管理、自我教育、自我服务的基层群众性自治组织，实行民主选举、民主决策、民主管理、民主监督。由此可知，村民委员会的选举事项属于村民委员会的自治事项，村民对村民委员会选举工作的监督，属于民主监督。并且依据《村民委员会组织法》第 14 条的规定，对登记参加选举的村民名单有异议的，应当自名单公布之日起 5 日内向村民选举委员会申诉,并未规定可向人民法院起诉。因此,村民委员会选举工作引发的纠纷,依法不属于人民法院受案范围。

三、相关法律规定

《村民委员会组织法》相关规定

第17条　以暴力、威胁、欺骗、贿赂、伪造选票、虚报选举票数等不正当手段当选村民委员会成员的,当选无效。

对以暴力、威胁、欺骗、贿赂、伪造选票、虚报选举票数等不正当手段,妨害村民行使选举权、被选举权,破坏村民委员会选举的行为,村民有权向乡、民族乡、镇的人民代表大会和人民政府或者县级人民代表大会常务委员会和人民政府及其有关主管部门举报,由乡级或者县级人民政府负责调查并依法处理。

第42讲　村委会作出的决定侵犯村民的合法权益，当事人该如何维权？

一、案例导读

赫某天于2007年4月28日出生，户籍在红旗村一组，与祖父赫某志，父亲赫某在同一户口簿上，为农村户口。2008年4月27日，本溪市溪湖区石桥子镇红旗村村民委员会出具证明，内容为："兹有我村赫某天是赫某志孙女，应该有权分得土地补偿款，可是一组给漏报，这是不合理的。"2021年9月5日，红旗村一组召开村民代表会议决定不给赫某天土地补偿款。赫某天认为，其具备本村集体经济组织成员的身份，应享有新生儿一亩土地的补偿款，故赫某天诉至法院。

一审、二审法院均认为，根据《村民委员会组织法》第36条的规定，村民委员会或者村民委员会成员作出的决定侵害村民合法权益的，受侵害的村民可以申请人民法院予以撤销。该案中红旗村一组于2021年9月5日作出的不同意给赫某天土地补偿款（一亩地）的会议决议侵害了赫某天的合法权益，应予撤销。

该案中，双方纠纷主要涉及村委会作出的决定侵犯村民的合法权益时当事人该如何维权的问题。我国现行法律对此究竟是如何规定的？本讲以下内容将围绕这一问题予以展开。

二、法律知识讲解

（一）村民委员会（或其成员）侵害村民合法权益时的救济路径

《村民委员会组织法》第36条规定可作如下理解：村民对村民委员会作出的侵

犯村民合法权益的行为有两条救济途径:一是向人民法院提起诉讼,二是由乡、镇人民政府责令改正。这两条途径均是村民依法获得救济的法定渠道,村民可以选择通过诉讼途径解决其与村民委员会之间的侵权纠纷,也可以选择请求乡、镇人民政府行使行政监督权,依法责令村民委员会改正侵权的决定。乡、镇人民政府对村民委员会不履行法律法规规定义务作出的责令改正决定,既可基于在自身履职过程中发现的违法线索而主动作出,也可依据自身权益受侵害的村民投诉而作出,或者与自身权益不相关的其他村民举报而作出。若村民依据《村民委员会组织法》第 36 条第 2 款的规定向乡、镇人民政府提交责令改正申请书,而乡、镇人民政府未予答复,司法机关应以乡、镇人民政府对村委会的行政监督权是其法定职责为由,原则上认可村民具备适格的原告主体资格。

(二)对救济行为的认识误区

关于村民是否具备原告主体资格,有的人对《村民委员会组织法》第 36 条第 2 款存在认识上的误区,即认为《村民委员会组织法》第 36 条第 2 款赋予了乡、镇人民政府行政监督权,是一种内部的管理行为,不对外发生法律效力,因此村民不具备原告主体资格。这种认知实质上是把村委会设定为乡、镇人民政府的下属机构,认为两者是领导与被领导的上下级关系。因此,当上级机关责令下级机关改正时,就属于内部行政管理行为,而不对外发生法律效力。这明显违背了《村民委员会组织法》关于乡、镇人民政府与村委会的指导和被指导的关系,以及村民委员会作为自治组织的主体地位。

值得注意的是,实践中有些法官认为《村民委员会组织法》第 36 条第 2 款实际上体现了乡、镇人民政府与村委会之间指导和被指导的关系,即《村民委员会组织法》第 5 条第 1 款规定的"乡、民族乡、镇的人民政府对村民委员会的工作给予指导、支持和帮助,但是不得干预依法属于村民自治范围内的事项",第 36 条第 2 款则是上述第 5 条第 1 款的具体表现。此种做法实质上是采用体系解释方法,如果认为乡、镇人民政府对村委会作出的责令改正行为是行政指导行为,那么行政指导行为不具有强制执行力,不对村民的权利义务产生实际影响,因而不具有可诉性。此时法院当然可以驳回原告诉讼请求。

但是,上述两种做法显然都是错误的。根据《村民委员会组织法》第 36 条第 1 款的规定,当村民委员会或其成员的决定侵害村民合法权益时,其有权向人民法院起诉要求撤销。

三、相关法律规定

《村民委员会组织法》相关规定

第36条　村民委员会或者村民委员会成员作出的决定侵害村民合法权益的，受侵害的村民可以申请人民法院予以撤销，责任人依法承担法律责任。

村民委员会不依照法律、法规的规定履行法定义务的，由乡、民族乡、镇的人民政府责令改正。

乡、民族乡、镇的人民政府干预依法属于村民自治范围事项的，由上一级人民政府责令改正。

第 43 讲　涉及村民利益的重大事项应当怎么决定？

一、案例导读

2003 年 10 月，九所村（化名）村委会决定将村里所开办的煤矿承包给夏某碧，双方签订《承包涉案煤矿协议》约定具体承包事宜。2007 年，国家对煤矿资源进行整合，要求涉案煤矿与当地的福龙煤矿进行整合，因整合需要投入整改资金，九所村村委会开会决定将涉案煤矿的全部资产向社会进行公开招标拍卖。2008 年 8 月，九所村（甲方）与被告夏某碧（乙方）签订《资产转让协议》，约定将甲方在涉案煤矿中拥有的集体财产份额及投资权利等一次性转让给乙方，因涉及之前的承包协议，双方还在《资产转让协议》中就原先承包事项作了相应调整。村干部何某平代表九所村签字。

2011 年 4 月，九所村村干部换届选举后，新任村委会班子认为，前述承包协议及资产转让协议均没有经过法定程序表决，侵犯了村民集体利益，应当认定为无效合同。与夏某碧协商无果后，九所村将其告之法院，双方就《承包涉案煤矿协议》与《资产转让协议》是否为无效协议展开了激烈争论。

就此，该案审理法院认为，在涉及处分集体经济组织财产事项时，必须经过“经村民会议讨论决定”这种会议议决的形式作出决定“方可办理”，而且该会议决议应当以到会人员集体讨论、现场表决的方式，并经到会人员的过半数同意，方能形成决议。这种对处分集体经济组织重大财产时必须经过会议表决通过的特定形式来进行表决的程序性规定，在于保障村民在集体讨论的基础上行使处分权，以保障村民的合法权利。“方可办理”“经到会人员的过半数同意”应属强制性规定。鉴于诉争协议及其补充协议未经过九所村村民大会决定，违反了法律强制性规定，系无效合同。

在该案中，双方纠纷主要涉及未经村民会议表决通过的诉争协议及其补充协议效力的认定问题。那么，我国现行法律对于村民利益的重大事项的决定究竟是如何规定的？本讲以下内容将围绕这一问题予以展开。

二、法律知识讲解

（一）相关概念解读

1. 何为村民委员会

村民委员会是村民自我管理、自我教育、自我服务的基层群众性自治组织。其既不是国家政权组织，也不属于国家机构体系，更非基层政府的派出机关。村民委员会在法律规定的范围内行使管理职权。根据《村民委员会组织法》第2条的规定，村民委员会的任务是，“办理本村的公共事务和公益事业，调解民间纠纷，协助维护社会治安，向人民政府反映村民的意见、要求和提出建议”。由此可知，村民委员会在基层治理中扮演重要角色。

2. 何为村民会议

村民会议是村民实行自治的组织形式和权力机构。《村民委员会组织法》第21条规定：“村民会议由本村十八周岁以上的村民组成。村民会议由村民委员会召集。有十分之一以上的村民或者三分之一以上的村民代表提议，应当召集村民会议。召集村民会议，应当提前十天通知村民。”村民会议是村民行使权利的重要依托，通过村民会议，村民可以对有关自身利益的重大事项作出表决，从而维护自身与集体的利益。

3. 涉及村民利益的重大事项的范畴

现行法律法规对村民集体的诸多利益作出了明确规定。如《民法典》明确了村民集体所有的动产与不动产属于本集体成员集体所有，涉及农村土地发包、承包等事项应当依照法定程序由本集体成员决定。《村民委员会组织法》第24条则更全面地列举了由村民会议决定的事项，如本村享受误工补贴的人员及补贴标准，从村集体经济所得收益的使用，本村公益事业的兴办和筹资筹劳方案及建设承包方案，土地承包经营方案，村集体经济项目的立项、承包方案，宅基地的使用方案，征地补偿费的使用、分配方案，以借贷、租赁或者其他方式处分村集体财产，以及村民会议认为应当由村民会议讨论决定的涉及村民利益的其他事项。综上所述,村民对于涉及自身利益的重大事项拥有参与表决的权利,而法律也从各个方面保障了村民享有的表决权。

4. 对重大事项的表决程序

村民会议对重大事项的表决,应当通过何种程序呢?《村民委员会组织法》第 21 条规定:“村民会议由本村十八周岁以上的村民组成。村民会议由村民委员会召集。有十分之一以上的村民或者三分之一以上的村民代表提议,应当召集村民会议。召集村民会议,应当提前十天通知村民。”该条对村民参与村民会议的资格以及村民会议的召集程序作出了明确的规定。《村民委员会组织法》第 22 条规定了村民会议召开的条件以及村民会议有效决议的判断标准,即召开村民会议,应当由本村 18 周岁以上村民的过半数,或者本村 2/3 以上的户的代表参加。对于会议所作的决定,必须经到会人员的过半数通过,否则决议的效力将因为程序的瑕疵而受到影响。

同时,该法也为其他法的特殊规定预留了空间,如果其他法律对召开村民会议及作出决定另有规定,应当依照特殊规定处理。举例而言,根据《土地管理法》第 63 条之规定,集体经营性建设用地出让、出租等,应当经本集体经济组织成员的村民会议 2/3 以上成员或者 2/3 以上村民代表的同意,即该法对村民会议作出的出让、出租集体经营性建设用地的决议通过条件作出了特别规定,应当从其规定。

(二)适用《村民委员会组织法》第 24 条应注意的问题

其一,《村民委员会组织法》第 24 条第 1 款第 9 项作为兜底条款的内涵。《村民委员会组织法》第 24 条第 1 款所列举的 9 类事项,不仅涉及误工补贴,集体收益的使用,公益事业兴办和筹资筹劳,建设承包,土地承包,村集体项目的立项、承包,宅基地的使用,征地补偿费,借贷、租赁,还包括以其他方式处分村集体财产的行为。其中,需要特别注意第 9 项“村民会议认为应当由村民会议讨论决定的涉及村民利益的其他事项”的规定,该“涉及村民利益的事项”的外延和内涵均可由村民会议或其授权村民代表会议自行讨论决定。兜底条款在于充分体现村民意思自治原则,更加全面、有力地维护村民及集体的合法权益。但需要注意的是,“村民会议认为应当由村民会议讨论决定”的事项并非没有边际,涉及村集体财产的处分、影响村民利益的重要事项,均需经过村民会议程序进行表决,但村委会提起诉讼的行为并非处分财产行为,而是通过司法程序行使救济权利的行为,故该事项并不属于第 24 条规定的必须经过村民会议决议的事项。

其二,《村民委员会组织法》第 24 条是管理性强制性规定还是效力性强制性规定。《村民委员会组织法》的立法目的在于最大限度地维护村民的合法权益,虽然第 24 条中没有"违反无效"的具体表述,但基于该条的立法宗旨,为避免一些人假借村集体之名故意损害村民及集体合法利益,如果合同相对人不能证明其对村民会议未讨论决定合同事项不知情,则相应的行为将不发生法律效力。《村民委员会组织法》作为全国性法律,一经公布,即推定所有人都应知晓并遵守,如果相对人未能提供证据证明交易活动已事先取得村民会议或者村民代表会议的决定,即可推定其对未经村民会议讨论决定的事实是知情的,其合同权益不应得到保障。因此,为避免处分涉及村民利益事项的行为无效,相关当事方均有义务主动提供或者要求提供村民会议讨论或其授权村民代表会议讨论决定的书面文件,并对文件的真实性、合法性、准确性、完整性进行审慎审查,妥善留存。

三、相关法律规定

(一)《宪法》相关规定

第 17 条　集体经济组织在遵守有关法律的前提下,有独立进行经济活动的自主权。

集体经济组织实行民主管理,依照法律规定选举和罢免管理人员,决定经营管理的重大问题。

(二)《民法典》相关规定

第 261 条　农民集体所有的不动产和动产,属于本集体成员集体所有。

下列事项应当依照法定程序经本集体成员决定:

(一)土地承包方案以及将土地发包给本集体以外的组织或者个人承包;

(二)个别土地承包经营权人之间承包地的调整;

(三)土地补偿费等费用的使用、分配办法;

(四)集体出资的企业的所有权变动等事项;

(五)法律规定的其他事项。

第 262 条　对于集体所有的土地和森林、山岭、草原、荒地、滩涂等,依照下列规定行使所有权:

(一)属于村农民集体所有的,由村集体经济组织或者村民委员会依法代表集体行使所有权;

（二）分别属于村内两个以上农民集体所有的，由村内各该集体经济组织或者村民小组依法代表集体行使所有权；

（三）属于乡镇农民集体所有的，由乡镇集体经济组织代表集体行使所有权。

（三）最高人民法院《关于审理涉及农村集体土地行政案件若干问题的规定》相关规定

第3条　村民委员会或者农村集体经济组织对涉及农村集体土地的行政行为不起诉的，过半数的村民可以以集体经济组织名义提起诉讼。

农村集体经济组织成员全部转为城镇居民后，对涉及农村集体土地的行政行为不服的，过半数的原集体经济组织成员可以提起诉讼。

（四）最高人民法院《关于审理森林资源民事纠纷案件适用法律若干问题的解释》相关规定

第5条　当事人以违反法律规定的民主议定程序为由，主张集体林地承包合同无效的，人民法院应予支持。但下列情形除外：

（一）合同订立时，法律、行政法规没有关于民主议定程序的强制性规定的；

（二）合同订立未经民主议定程序讨论决定，或者民主议定程序存在瑕疵，一审法庭辩论终结前已经依法补正的；

（三）承包方对村民会议或者村民代表会议决议进行了合理审查，不知道且不应当知道决议系伪造、变造，并已经对林地大量投入的。

（五）《土地管理法》相关规定

第49条　被征地的农村集体经济组织应当将征收土地的补偿费用的收支状况向本集体经济组织的成员公布，接受监督。

禁止侵占、挪用被征收土地单位的征地补偿费用和其他有关费用。

第63条　土地利用总体规划、城乡规划确定为工业、商业等经营性用途，并经依法登记的集体经营性建设用地，土地所有权人可以通过出让、出租等方式交由单位或者个人使用，并应当签订书面合同，载明土地界址、面积、动工期限、使用期限、土地用途、规划条件和双方其他权利义务。

前款规定的集体经营性建设用地出让、出租等，应当经本集体经济组织成员的村民会议三分之二以上成员或者三分之二以上村民代表的同意。

通过出让等方式取得的集体经营性建设用地使用权可以转让、互换、出资、赠与或者抵押，但法律、行政法规另有规定或者土地所有权人、土地使用权人签订的书面合同另有约定的除外。

集体经营性建设用地的出租，集体建设用地使用权的出让及其最高年限、转让、互换、出资、赠与、抵押等，参照同类用途的国有建设用地执行。具体办法由国务院制定。

（六）《农村土地承包法》相关规定

第19条　土地承包应当遵循以下原则：

（一）按照规定统一组织承包时，本集体经济组织成员依法平等地行使承包土地的权利，也可以自愿放弃承包土地的权利；

（二）民主协商，公平合理；

（三）承包方案应当按照本法第十三条的规定，依法经本集体经济组织成员的村民会议三分之二以上成员或者三分之二以上村民代表的同意；

（四）承包程序合法。

第20条　土地承包应当按照以下程序进行：

（一）本集体经济组织成员的村民会议选举产生承包工作小组；

（二）承包工作小组依照法律、法规的规定拟订并公布承包方案；

（三）依法召开本集体经济组织成员的村民会议，讨论通过承包方案；

（四）公开组织实施承包方案；

（五）签订承包合同。

第28条　承包期内，发包方不得调整承包地。

承包期内，因自然灾害严重毁损承包地等特殊情形对个别农户之间承包的耕地和草地需要适当调整的，必须经本集体经济组织成员的村民会议三分之二以上成员或者三分之二以上村民代表的同意，并报乡（镇）人民政府和县级人民政府农业农村、林业和草原等主管部门批准。承包合同中约定不得调整的，按照其约定。

第52条　发包方将农村土地发包给本集体经济组织以外的单位或者个人承包，应当事先经本集体经济组织成员的村民会议三分之二以上成员或者三分之二以上村民代表的同意，并报乡（镇）人民政府批准。

由本集体经济组织以外的单位或者个人承包的，应当对承包方的资信情况和经营能力进行审查后，再签订承包合同。

（七）《村民委员会组织法》相关规定

第21条　村民会议由本村十八周岁以上的村民组成。

村民会议由村民委员会召集。有十分之一以上的村民或者三分之一以上的村民代表提议，应当召集村民会议。召集村民会议，应当提前十天通知村民。

第22条　召开村民会议，应当有本村十八周岁以上村民的过半数，或者本村三分之二以上的户的代表参加，村民会议所作决定应当经到会人员的过半数通过。法律对召开村民会议及作出决定另有规定的，依照其规定。

召开村民会议，根据需要可以邀请驻本村的企业、事业单位和群众组织派代表列席。

第24条　涉及村民利益的下列事项，经村民会议讨论决定方可办理：

（一）本村享受误工补贴的人员及补贴标准；

（二）从村集体经济所得收益的使用；

（三）本村公益事业的兴办和筹资筹劳方案及建设承包方案；

（四）土地承包经营方案；

（五）村集体经济项目的立项、承包方案；

（六）宅基地的使用方案；

（七）征地补偿费的使用、分配方案；

（八）以借贷、租赁或者其他方式处分村集体财产；

（九）村民会议认为应当由村民会议讨论决定的涉及村民利益的其他事项。

村民会议可以授权村民代表会议讨论决定前款规定的事项。

法律对讨论决定村集体经济组织财产和成员权益的事项另有规定的，依照其规定。

后　记

本书由中共诸暨市委党校全体教师参与完成，常务副校长田海斌同志担任总负责人，陈莹副校长负责具体的推进工作。

本书的面世，得益于多方支持：首先，要感谢法律出版社法治与经济分社社长沈小英编审的鼎力支持和责任编辑毛镜澄的辛勤工作，没有他们，本书不可能出版；其次，感谢中共诸暨市委政法委及相关部门在调研中提供的宝贵意见；最后，感谢华东师范大学等高等院校、科研机构对书稿写作给予的指导。

因初次尝试法治教材的写作，且能力有限，书中难免纰漏，欢迎大家指正。我们也将在后续使用中不断予以完善，并希望该教程能够得以延续，为新时代的基层治理作出贡献。

本书编委会

2023 年 12 月